脱バカシステム！

想像以上の結果を出し続けるメソッド

GO OVER THE BAKA-SYSTEMS !

RYOICHI SUZUKI

鈴木領一
ビジネス・プロデューサー

CYZO

脱 バカシステム！

想像以上の結果を出し続けるメソッド

本書を、亡き妻に捧ぐ。

はじめに

あなたは「死へつながる黒いトンネル」を見たことがありますか？

私は25歳のころ、無知なまま独立、起業したことで、生きることに行き詰まってしまったことがありました。多額の借金を抱え､住んでいたマンションは電気が止まり、ガスが止まり、最後には水道が止まりました。

絶望のどん底にいる私の目の前に、突如として小さな黒いトンネルが現れました。何度も目をこすってみましたが、確かに黒いトンネルは目の前にあります。最初はテニスボールほどの大きさでしたが、次第に大きくなり、最後には私をすっぽり覆うほどの大きさになりました（今振り返れば、私はお金がなく栄養不足にもなっていたため、おそらく幻覚を見たのでしょう）。

暗闇の中に一人放り出された私は、「ああ、これで死んでいくのだな」と、薄れいく意識の中で覚悟を決めたように思います。夏なのに鳥肌が立ち、身体が冷えていくのがわかりました。不思議なことに死に対する恐怖はなく、もしそこがビルの屋上だったなら、散歩をするかのように足を踏み出し、飛び降りていたことでしょう。

そのとき、唐突に、私の頭に一つの言葉が浮かびました。

「失ったものを数えるな。得たものを数えよ」

なぜその言葉が浮かんだのかはわかりません。しかし、この言葉が私を我に返らせてくれ、気づけば暗闇は消え去っていました。そして気づいたのです。何もかも失い、人生に行き詰まってしまった私ですが、自分の命だけは失っていないことに。

こうしてようやく生きる気力を取り戻した私でしたが、しばらくしてそれまでとは全く違う、奇跡のようなことが起き始めました。

テレビに出る、本を出す、雑誌に連載を持つ、コンサルタントになる、コーチになる、何億円ものビジネスに関わる、日本国民全員が知るような企画に携わる……。こうした〝想像を超えた現実〟が次々と実現していったのです。
とても同じ人間の身に起きたこととは思えませんでした。

こうした出来事は、私が発見した〝ある事実〟により起きました。この本では、その〝ある事実〟をお伝えします。

今あなたが、同年代の人たちが自分よりも秀でているように感じ、「もっと努力をしていればよかった」と後悔していたとしても。

今あなたが、自分のやりたいことを見出せず、「社会には私に当てはまるような仕事はない」と絶望していたとしても。

今あなたが、自分の人生を振り返り、「なんでこんな人生になったのだろう。もう何もかも手遅れだ」と嘆いていたとしても。

本書で説く考え方や方法を知れば、必ず解決し、想像を超えた結果を自分のものにすることができます。

＊＊＊

私はこれまで25年以上にわたって、いわゆる自己啓発といわれる分野を研究し、実践してきました。アメリカで120年の歴史があるSUCCESS誌と共同で、世界トップクラスの自己啓発メソッドの開発に携わり、一万人を超す人々にそのメソッドを伝えてきました。また、いわゆる成功者と称される人たちへの取材を行い、多くのメディアで彼らのサクセスストーリーを紹介してきました。

自己啓発にはさまざまなメソッドがありますが、私はその中でも、絶対的なメソッドとして語られてきた「明確な夢・目標を強く心に描けば必ず実現する」という成功法則を固く信じてきました。「この法則から逸脱すると成功から遠ざかる」というのは、疑いの余地のない、私の信念でした。

しかし、どんなに熱心にメソッドを伝えても、夢や目標を実現できない人もいました。おかしいな。なぜだろうか。疑いを持ち、いろいろと調べていくうちに重大な事実を知るに至りました。

それは、世の中に出回っている成功譚のうち「なぜ、成功できたのか」という成功の理由にあたる部分は、ほとんどが正確ではなかったということです。世界に広く伝わる成功メソッドも、サクセスストーリーも、その多くが嘘だったのです。

この事実に最も衝撃を受けたのは、ほかならぬ私自身でした。

実は、実際に成功した人の中で、最初から「明確な夢・目標」を持っていた人は極めて少数でした。**「明確な夢・目標を持て」という間違った教えは、夢や目標を持てずに悩む多くの人を苦しめるだけで、成功へのステップではなかったのです。この事実から私は、「明確な夢・目標」を持たずに成功する方法こそ、本来の無理のない成功法則ではないかと考えるようになったのです。**

その仮説を検証するため、実に15年の歳月をかけて研究を重ね、一つの決定的な手法にたどり着きました。それが本書で初公開する「Xメソッド」です。

「はっきりとした夢や明確な目標がない自分は、成功できない」と悩んでいる人にこそ、本書を読み、「Xメソッド」を実践してほしいと願っています。そして、あなたらしい成功をつかんでほしいのです。

実は、**多くの成功者の成功プロセスには「想像もしないこと」が起きています。**

例えば、いまや世界的ブランド「パナソニック」の生みの親である松下幸之助氏も、想像もしていなかった未来を引き寄せた人物です。

彼は、最初から「電気メーカーとして成功する」という明確な夢や目標を持っていたわけではありませんでした。電気会社の社員だった若き松下氏は、自分が提案したアイデアが上司に受け入れられず、悶々とした毎日を送っていました。そこで妻・むめのに相談します。

「仕事が面白くない。会社を辞めて独立したい。俺はおしるこが好きだから、おしるこ屋をやろうと思う」

妻は猛反対します。

「私はおしるこ屋なんて水商売は嫌です。おしるこ屋の女将なんてできません」

妻の説得に考えを変えた松下氏は、電気器具の製造販売を行う松下電気器具製作所を創業しました。その会社が、後に「世界のパナソニック」となっていったのです。もし妻の反対がなければ、松下氏は「おしるこ屋」の主人として一生を終えたかもしれません。松下氏も、未来が全く別の方向へと動き出し、「想像を超えた未来」を実現した人物だったのです。

これは何も特別なことではありません。成功者の多くが、具体的な夢や目標を持たずに「想像もしなかった未来」を実現しています。

「自分の成功自体が想像を超えたものだ」という人もいれば、「成功への過程で想像もしないことが起きた」という人もいます。いずれにせよ、「想像もしないこと」が起こることに変わりはありません。**夢・目標や自分が本当にやりたかったことは、実はその結果を手にしたときに振り返ってみて初めてわかること**なのです。

貸レコード店のアルバイトから、浜崎あゆみなど有名アーティストが所属する大手レコード会社「エイベックス」の創業者となった松浦勝人氏は、「私は一度も明確にレコード会社をやりたいと思ったことはない。目の前の面白いことや楽しいことをやりながら、一歩一歩階段を上がっているうちに、いつの間にか今の位置に来ていた」と語っています。松浦氏も、想像を超えた現実を手にしていたのです。

この「Xメソッド」を実践するためには、まず、あなたの中にある既成概念を壊し、新たな概念と思考法をインプットしなければなりません。本書は、あなたの脳を初期化し、再起動させ、人生を変えてしまう思考法がインプットされるように、綿密にそして強力にプログラム化されています。各章にはそれぞれに役割があり、あなたの脳を書き換えるステップとなっています。ここで、各章の役割を案内しておきましょう。本書を活用するためのナビゲーションとして参考にしてください。

第1章　「夢がないと成功できない」は嘘

この章は、あなたが信じている世界の秘密を暴露し、あなたをがんじがらめにしてきた「常識・既成概念」という悪魔を振り払います。多くの人が信じている成功法則ですら、真実ではありません。この社会がいかにバカげた仕組み＝「バカシステム」で作られているのかを明らかにします。

第2章　バカシステムから脱出して自由になる方法

この章では、バカシステムから脱出するための具体的な方法をお教えします。さらに「精神のワールド」という概念を用い、運が変わるメカニズムを明らかにします。

バカシステムを理解し、これまで自分が生きてきた世界が映画のように作り話で覆い隠されていたことがわかったあなたは、この章を読むことで、まるで映画館を歩いて出ていくように、あなたを縛っていた世界から離脱することができます。

まずはバカシステムから脱出すること。それがすべてのスタートなのです。

第3章　「想像できない未来」を引き寄せるXメソッド

この章では、本書の核心的な技術である「Xメソッド」をご紹介します。バカシステムから脱出したあなたの脳に、全く新しい概念と思考法を強烈にインプットします。「Xメソッド」は、明確な目標や夢を持たなくても、想像を超える成果を引き寄せ、結果的に、自分が望んでいた人生を手に入れるという、これまで成功法則として紹介されていたアプローチとは全く逆の画期的手法です。

さらに、「Xメソッド」を見える化させたツール、「ヘキサツール」も初公開します。

第4章　「ひらめき」をフックに行動する

この章では、Xメソッドによって明らかになった方向に向かって、どのように行動するかを学びます。さらに行動に関するさまざまな知識も紹介しましょう。あなたが生きている世界では、あなたが行動しない限り何も起こりません。この章で紹介する

「否定力」によって、あなたを自然に行動へと駆り立てます。

第5章　行動は1%ずつで構わない

この章では、あなたの行動を後押しする「1%アクション」を紹介します。そして、「Xメソッド」によって最終的に訪れる「成功の分岐点」を乗り越える方法をお伝えします。わずか1%の努力を続けるだけで、あなたの人生に想像を超えた変化をもたらすのです。

さあ、心の準備は整いましたか。あなたを想像もしない未来へと導く、究極の方法を紹介しましょう。

第3章
「想像できない未来」を引き寄せるXメソッド

第4章 「ひらめき」をフックに行動する

第5章 行動は1%ずつで構わない

編集協力　平野 多美恵
ＤＴＰ　米津 一成
デザイン　木ノ下 努（株式会社スターダイバー）
編　　集　重田 玲（株式会社スターダイバー）
プロデュース　株式会社スターダイバー

第1章

「夢がないと成功できない」は嘘

誰の頭にも存在する「バカシステム」

人は、自分の人生を思い通りにすることはできません。

しかし、想像を超えた未来を手に入れることはできます。

あなたが成功したいのならば、現在のあなたの頭で考えてはいけません。本書で学んだ後に出合う出来事は、今のあなたには想像もできないようなことだからです。あなたの人生は、よりエキサイティングで充実したものに激変することでしょう。


あなたに必要なことは、まず、**この世界には嘘がはびこっていることに気づくことです。** 嘘が、あなたの未来を奪っているのです。小さなものから大きなものまで、さまざまな嘘が幅をきかせています。私たちは根拠が確かではない価値基準や法則を、いとも容易《たやす》く信じてしまっています。例えばそれが、誰かが何らかの利益のために意図的に仕組んだものだったとしても……。

では、なぜ嘘に気づくことができないのでしょうか？　それは、**人間の脳には人の思考を停止させてしまう強固で巨大な仕組みが埋め込まれているからです。**その仕組によって、嘘があたかも真実のように蔓延してしまう人間社会のシステム……私はこれを**「バカシステム」と呼んでいます。**

何かのきっかけでひとたび「バカシステム」が作動すると、それがあたかも真理であるかのように誰もが信じ込んでしまいます。あなたの頭からこの「バカシステム」を追い出さない限り、あなたは現状から抜け出すことができません。脳にある仕組みによって思考が停止し、バカシステムにとらわれていると気づかないまま現状にとどまり続けてしまうのです。

２０１６年に大人気となった映画『君の名は。』を例に説明しましょう。Aさんは『君の名は。』を観ていません。そんなAさんに質問したとしましょう。

「どうして『君の名は。』はあんなに人気があるんでしょうね」

Aさんは答えます。

「ＳＮＳで話題になったからですよ」

さらに質問します。

「なぜ話題になったのですか？」

「みんなが評価しているからです」

「なぜそんなに評価されているのですか？」

Ａさんは不機嫌になって言うでしょう。

「だって、この映画は人気があるからですよ」


このように**ぐるぐる回っていつまでたっても本質的な答えにたどり着かない論理を「循環論法」といいます。**バカシステムで陥る代表的な状態がこれです。

極端な例ですが、多くの人がこれと似たような状態に陥っています。バカシステムにどっぷり浸かっている人は、循環論法であるにもかかわらず、そのおかしさに気づきません。

「みんながそう言っている」

「テレビや雑誌でも取り上げられていた」

「著名な学者が言っていた」

「それに関する本がたくさん出ている」

こうした理由で、その内容が本当であると信じ切ってしまい、本質にたどり着くことができていないのです。


では、なぜ思考が停止してしまうのか説明しましょう。

人は皆、パターン化された行動や思考を持っています。私はそれを「行動のフレーム」「思考のフレーム」と呼んでいます。フレームという言葉には、「眼鏡のフレーム」「フォトフレーム」のように、枠という意味があります。**その人が持つ行動のフレーム、思考のフレームの中に入れたものは、意識しないでも自動的に結果が導き出されるのです。**これこそが、脳の中に埋め込まれた強固な仕組み＝思考停止の原因です。

例えば、今火を止めたばかりのコーンスープが出されたら、「熱いスープを飲む」

というフレームが発動し、あなたは誰かと会話しながらでも、舌をやけどしないように注意して飲むことができるでしょう。また、朝起きて歯を磨くときも、部屋を出て洗面所に行き、蛇口をひねって水を出し、右手に歯ブラシ、左手に歯磨きのチューブを持って、という行動をいちいち意識することなく、スムーズに行うことができます。これが行動のフレームです。

思考のフレームは、考え方や認識の癖として表れます。例えば、営業成績が月の半ばにきても目標の数字の三分の一しか達成していなかった場合、「前半の出だしが悪かった理由は何だろう」と分析する思考フレームが働く人もいれば、「今月はもうだめだ」と弱気になり諦めるという思考フレームが発動する人もいるでしょう。いくつも思考フレームを持ち、そのときどきでフレームを変えられる人もいれば、ごく限られたフレームしか持っていない人もいます。

フレームは、親や育った環境、学校の教育や地域の文化・風習、また、その人の個人的な経験が関係しますし、時代の影響も受けます。

例えば、サービス残業が当たり前の時代では、夜中まで仕事をしている人に対して

「仕事熱心な人」というフレームを持つ人が大半だったでしょうが、今では「仕事のやり方がよくない」というフレームを持つ人のほうが多いでしょう。他にも、仕事によっても住んでいる国によっても、違うフレームが働くでしょう。会社の繁栄より自分の人生を楽しむことを重視する国では、サービス残業をするなんて、自分の人生はどこにあるんだ？と奇妙に思うフレームを持つ人が多いと思われます。

このように、個人の経験やその人が所属する集団によって異なるフレームが存在します。また、同じ事象でも時代によってフレームは異なります。

いずれの場合も**いったんフレームができると、根拠となった事実は忘れ去られ、フレームだけが強固になっていきます。**そして、その上に新しいフレームができていくのです。フレームが積み重なっていくと、土台となったフレームを疑うことはなくなります。

面白い事例を一つ紹介しましょう。あなたはコンビーフの缶詰を見たことがありますか？　台形の形をしたユニークな缶です。そもそも台形にした理由は、コンビーフを充填するときに空気が入る隙間をなくし、酸化を防止するためでした。

技術が進歩し、円形の缶詰でも空気が入ることなく充填できるようになったため、円形の缶詰でコンビーフが発売されました。しかし、全く売れませんでした。消費者の頭には「コンビーフ＝台形の缶」というフレームが出来上がっていたからです。缶が丸くなっただけで中身は変わっていなかったのに、中身まで変わったと思ってしまったのです。結局、台形の缶詰に戻すことで売り上げは元に戻りました。

実に不合理ですが、フレームが人間の論理的な思考を妨げている好例です。

家族の口癖などの影響を受けて「金持ちでなければ幸せになれない」というフレームを持っている人がいたとします。さらに「学歴が高ければ希望の仕事に就ける」というフレームや「給料が高く、安泰な大きな会社、有名な会社に勤めるべき」といったフレームが加わることで、「学歴が高いと幸せだ」というフレームができあがっていきます。そうなると、「金持ちでなければ幸せにはなれない」ということを疑わないどころか、そういうフレームを持っていることにすら気づかなくなるのです。

「あなたは学歴が高いと幸せだと言うけれど、それはなぜですか？」「大きな会社に勤めるべき、というのはなぜですか？」と質問を重ねていくと、「だってお金がなければ幸せではないでしょう？」という答えが返ってきて、「なぜ、お金がないと幸せになれないのか？」というフレームの根拠を言うことができません。この人は、循環論法に陥っていることに気づけないのです。

そもそも、人はなぜそのフレームを持つに至ったかを忘れていることが多いですし、思考の基盤として無意識化しているので意識するのは難しいのです。また、人は自分が信じているものが揺らぐことに対して不安を感じます。わざわざ不安になるようなことにエネルギーを使いたくないというのは当然の反応です。こうして**フレームが積み重なれば重なるほど、深く考えることなく自動的に行動や思考を導き出すようになるのです。**

それはまるで、機械式腕時計の中で歯車が次々と別の歯車を動かすかのよう。あなたの中にあるフレーム同士が作動し合い、あなたという人間の思考や行動を決めているのです。

フレームは個々人が持つだけでなく、出身地や出身学校、会社といった集団が持つフレーム、さらには、国が持つフレームなどさまざまなフレームがあります。こうした大小さまざまなフレームによる思考停止によって、真実かどうかわからないものがあたかも真実のように蔓延してしまうこと。または、嘘を真実のように信じさせ、人を操ったり、従わせたりすることこそが、バカシステムです。

「いやいや、私は常に思慮深く、人の意見に左右されたり、影響を受けたりすることはない」と言う人もいるかもしれません。しかし、先人たちの手により今の文明や文化が作られていることを考えると、全く誰の影響も受けないということはありえません。そもそも今読んでいるこの文字ですら、人が作ったものなのですから。

思考のフレームによって思考停止に陥り、バカシステムにはまってしまう人がいる一方で、このシステムを巧みに利用する人もいます。

例えば優れたマーケッターは、「多くの人が話題にしている」という状況を作りあげ、あっという間に新しいトレンドを生み出しています。

味は普通なのに常に行列ができるレストラン、並の風貌や凡庸な才能にもかかわらずテレビで見ない日はないタレント、行ってみればたいしたことがないのに人気がある観光スポット、中身が薄いのに大ベストセラーになっている本、効果がさほどないのに大ヒットしている健康食品、間違ったことばかり言っているのに引っ張りダコの評論家……。

人の心理は全く論理的ではありません。循環論法のように、わかってしまえば単純な仕掛けにいとも簡単に引っかかります。この「人の心理は論理的ではないがゆえに、バカシステムに簡単に組み込むことができる」ということを知っている人が、バカシステムを利用し、この社会をコントロールしているといっても過言ではないのです。

図1（32ページ）の循環論法を見てください。

これはマスコミが作り出す世論によくあるパターンです。Aという人物のスキャンダラスなネタが報じられた後、世間はそれが事実と信じ、疑うことがなくなります。

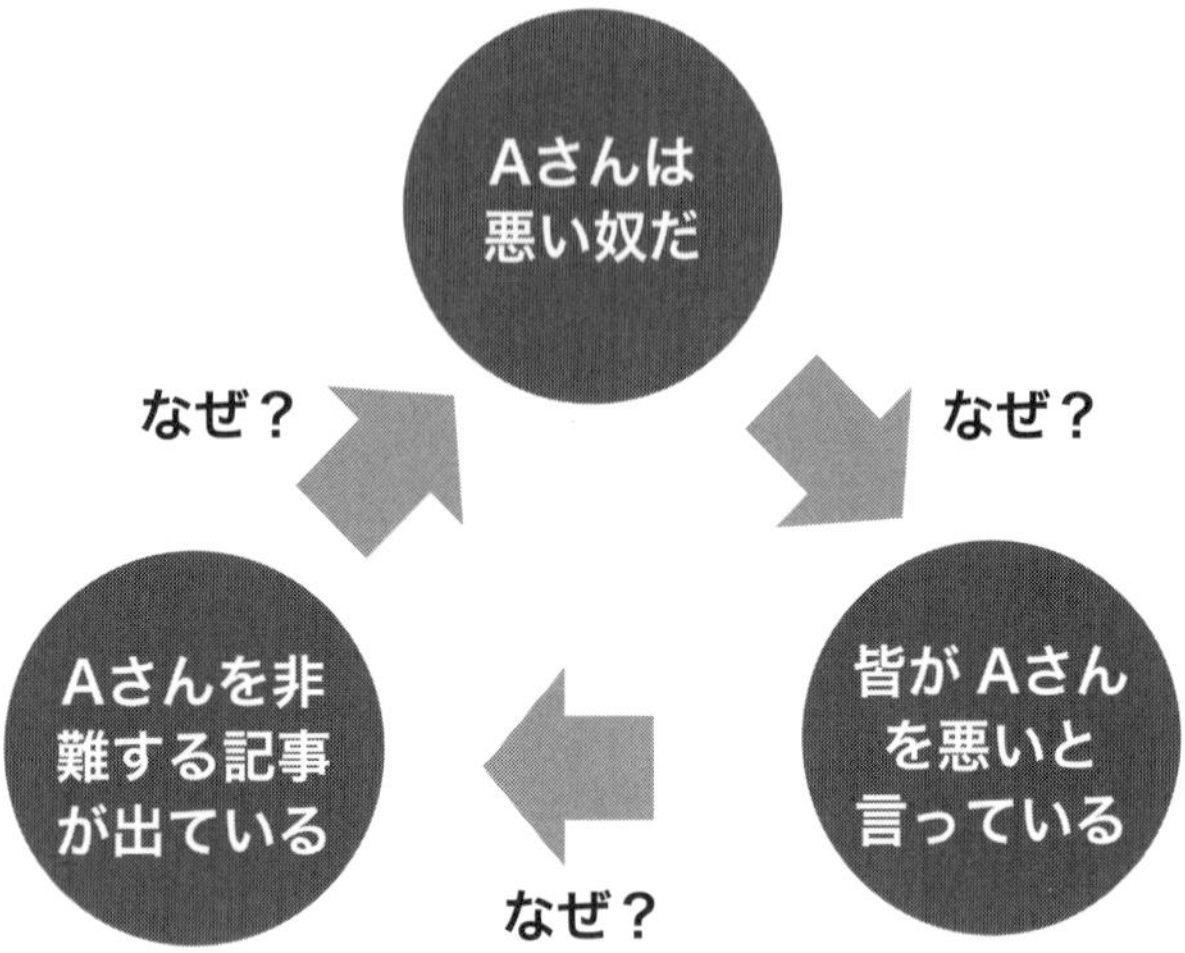

図１　マスコミが作り出す世論のよくあるパターン

最初は週刊誌などに悪い噂が書かれることからスタートしますが、世の中にその噂が広まった後は、それが週刊誌から発せられたものであることも忘れ、循環論法の罠に陥り、その人物が決定的に悪い人物であると確信してしまいます。

「もし最初の報道が嘘だったら？」ということも一切考えず、「もし誰かが意図的に流した情報でその人は犠牲者だとしたら？」「みんなが悪い人だと言っている」というのが、最大の確信材料となっているのです。

少し横道に逸《そ》れますが、この循環論法について私の体験をお話しします。

私の知人に、大手マスコミからバッシングされ、世間的に「悪い人」という烙印を押されてしまった人がいます。私は身近にいたので、その裏側も含めて一部始終を知っていますが、まさに世間はこの循環論法に陥り、全くのデタラメを信じ、著名な評論家やタレントさえも、テレビのワイドショーで知人を批判していました。

最初の報道が嘘で塗り固められた情報だったにもかかわらず、「マスコミの報道だし、著名人も批判しているから事実だろう」という、根拠のない、安易な理由で知人は批判されていったのです。「みんながそう言っているから」が優先され、真実を伝えてもすぐにかき消されて、徹底的なバッシングが続きました。真実を確認もせず、いかにもすべてを知っているかのようにテレビで発言する著名人やコメンテーターの話を聞くたびに、私は吐き気すら覚えました。

そもそもマスコミから流れた情報は、ある人物が意図的に流した情報で、自分の犯罪的行為を隠すために、知人はスケープゴートにされたのです。

人々は、スキャンダラスな話を面白がって話題にして、いいかげんなことをインターネット上に書き込み、ツイッターに投稿し、その数は膨大なものでした。本人に会ったこともない無数の人たちが、一人の人間を執拗に追い詰めたのです。彼らはそれを楽しんでいたのかもしれません。その先に自分たちと同じ人間がいることが見えていないのです。

バッシングによって人格さえも否定され、社会復帰が困難な状態になった人の日々を、あなたは想像できますか？　外出もできず、住む場所を明かすこともできず、それまで何気なく見ていたテレビや雑誌、新聞を見るのが恐怖となり、親しくしていた人たちが蜘蛛の子を散らすように去って行き、未来への希望も可能性も完全に閉ざされて……。

自分自身や友人がその状況になったとき、同じことができますか？　会ったこともない他人だから平気でできるというのは、全く想像力の欠けた「バカ」としかいえません。

皆さんの記憶にも新しいSTAP細胞に関する騒動も、常軌を逸した集団ヒステリーでした。騒動の渦中にあった小保方晴子氏は、手記『あの日』（講談社）で一連の出来事の真相を綴っています。私はこの本のプロデュースを手伝わせていただきました。それ故に、世間が異常な偏向報道を信じていくことの恐怖を身近で体験しました。

ＳＴＡＰ論文をネイチャー誌に発表した当時、小保方氏は研究室に属するポストドクター（博士研究員）でした。上下関係がハッキリしている日本の科学界で、ポストドクターの立場は弱く、上司の意向に逆らうことはできません。上司に従って論文作成に協力した彼女だけが批判の矢面に立たされ、責任者であった上司は僅かな処罰のみで現場に復帰しました。彼女が研究者の道を絶たれたのに比べ、あまりにも違う対応ではないでしょうか。

また、小保方氏がES細胞を盗んで混入したという悪意のある噂は、2016年5月、神戸地検によって「嫌疑不十分で不起訴処分」が決定し、さらに「事件の発生自体が疑わしい」と判断され、小保方氏の疑惑は完全に払拭されたはずなのです。にもかかわらず、ほとんどのマスコミはこの判決を大きなニュースとして報道しなかったため、いまだに彼女のES細胞混入疑惑を信じている人がいるのが現状です。

ちなみに2017年2月10日には、STAP騒動の発端の一つといえるSTAP特集番組（この番組がES細胞混入疑惑の発端を作りました）を放映したNHKに対して、BPO（放送倫理・番組向上機構）は、小保方氏への人権侵害があったとして、処分の中で最も重い「勧告」を言い渡しました。しかし、その事実はほとんど報道されていません。

NHKだけでなく、事実無根の話を垂れ流してきたマスコミは、本来ならば小保方氏の名誉回復のために検証報道を行うべきです。しかし、あるマスコミ関係者はこう言いました。

「小保方氏を扱った記事は売れるので、事実かどうかは関係ないのだ」

これがマスコミの実態です。こんな人権侵害がまかり通っているのです。

「バカシステム」は紛れもなく存在し、私はその現実をまざまざと見てきたからこそ、声を大にして伝えます。**絶対にあなたは「誰かの操り人形になってはならない」と。**

そうでなければ、悪魔に魂を売ることになりかねないのです。悪魔は常に、「道徳」や「常識」という仮面をつけてやってくることを忘れないでください。

自己啓発メソッドのデタラメ

根拠が確かではないにもかかわらず、それが真実だと人に信じ込ませてしまうバカシステム。これは自己啓発メソッドの世界にも数多く渦巻いています。

その一つが、多くの自己啓発書で教えている「頭に描いたことは現実になる」というノウハウです。これを知った人は、頭に描けないと現実化できないという思いから、必死になって実現したい未来を頭に思い描きます。私もかつてはそのようなノウハウを学び、やがて伝える側に身を置くようになりました。

しかし、私を含めて多くの人が、実際にそのような奇跡を体験することはできませんでした。いくら自分の成功をリアルに思い描いても何も起きません。なぜ学んだ通りのことが起きないのだろうか。私は長年疑問に思っていました。やり方が悪いのだろうか。何かが足りないのだろうか。そう悩む人も多いことでしょう。

あるとき、私はこの疑問を氷解させる事実を知りました。

「頭に描いたことは現実になる」と伝えている自己啓発の有名な書籍が、実は全くのデタラメで、いろいろな人が書いた本を継ぎはぎして作られていたというのです。

これは、わずかな関係者しか知らないことでしたが、私はその業界にいたからこそ知り得ることができました。このことは今も明らかにされることはありません。間違った成功法則にもかかわらず広く伝えられ、熱狂的ファンにより支持されました。そして、今でも新たなファンを作り続けています。

さらに調べていくと、アメリカから輸入された自己啓発メソッドの多くは、その源流にキリスト教のある一派の教えがあり、「祈ることで神様に願いを叶えてもらえる」という考えがベースになっていることがわかりました。

つまり「夢や目標を頭に思い描くと叶う」というノウハウは、宗教的かつ願望的な意味合いが強く、必ずしも脳のメカニズムを反映しているわけではなかったのです。

根拠がないにもかかわらず、今でも成功者のストーリーに「夢を描けば成功する」といったエピソードが登場しており、さらに多くの人が惑わされています。

ではなぜ、根拠がないのにまことしやかに成功者の話として伝えられているのでしょうか。一つには、心理学や自己啓発の分野で先進国である（と思われている）アメリカで研究されたのだから正しいに違いない、という思い込みがあります。まさにフレームです。

私がよく知る成功者に、自身の成功物語を書籍として出版した人がいます。あるとき彼は本音をぽろりと告白しました。

「実はあの本の話は嘘ばかりなんだよ。僕の成功は偶然の産物。なぜ成功できたかは自分でもわからないんだ。でも、みんな成功の理由を知りたいから僕の話を聞きたがる。理由はわかりませんでは、話にならないだろう。『心のあり方を変えたから成功した』と話せば多くの人が納得する。だから、そう話しているうちに自分もそれが真実だと勘違いし始めてしまった。あの本はその勘違いが書かれた本なんだ」

私はこの成功者を責めたいわけではありません。人は意識的にせよ、無意識的にせよ、自分をよりよく見せたいという心理が働くものです。また、すでに「夢を描けば成功する」というノウハウを信じ切っていたとすると、そのおかげで成功できたのだというバイアスがかかっているでしょう。他の多くの成功者にこの心理が働いたことも容易に想像がつきます。

自分が思い描いた通りに人生を成功へと導いたかのように書かれた本を読めば、「明確な夢や目標がなければ成功できない」と思うのは当然でしょう。もちろん、すべての成功本が嘘だとは言いません。また、最初から自分が行くべき道が見えている人もいます。常に進化を続けるイチロー選手しかり、デビュー戦から無敗で連勝記録を更新した将棋の藤井聡太氏しかり。しかし、それは極めてレアケースです。多くの人が参考にできるものではないことは、皆さんすでにご承知のことでしょう。

では、思考が現実化するというノウハウが嘘だとしたら、多くの成功者はどのようにして望むべき結果を手に入れているのでしょうか。

成功は謎のブランクの先にある

これまで、私は多くの成功者たちを取材してきました。上場企業の創業者をはじめ著名な作家やタレント、アスリート、政治家もいます。しかし、その中に現在の成功をはじめから予測していた人はほとんどいませんでした。**それどころか、自分が想像もしなかったところで成功している人がほとんどだったのです。**

この事実を知れば知るほど、具体的な夢や目標を先に設定するという従来の成功法則は、明らかに無理があると思うようになりました。

今でも私は多くの人から「夢が見つかりません。どうしたら夢を見つけられますか」という相談を受けます。彼らは「夢が見つからないから成功できない」と思い込んで悩んだり、自信を失ったりしています。つまり、**幸せをもたらすはずの「夢を描くから成功する」というノウハウが、逆に多くの人を悩ませ、不幸にしているのです。嘘の成功法則を信じるというのは悲惨なことなのです。**

想定もしていなかったことで成功した人の事例として、私が懇意にさせていただいている経営者の話を紹介しましょう。

その会社は株式会社Eストアーという会社で、Eコマースを専門にする会社です。Yahoo!や楽天のようにショッピングモールのインフラを提供するのではなく、ネットの個店へウェブショップのツールを提供する会社で、この業態としては日本一の会社です。この会社の経営者である石村賢一氏は、そもそも「正直言って、起業したいと思ったことはないし、経営者にもなりたいと思ったことがない。それは現在でも」と私に語ってくれました。

ＥＣ専門会社として取引社数は約2万社、流通額約９００億円（累計流通総額は1兆円）という規模の会社の経営者が、起業するつもりなどなかったというのです。

石村氏はもともと、某大手出版社の社員でした。この出版社が新規事業としてネット事業部を立ち上げ、その事業部に所属していました。当時（90年代）は現在に比べてまだインターネットも十分普及しておらず、会社が本業回帰の方針を打ち出したため、なんと事業部ごとリストラされてしまったのです。

途方に暮れた石村氏は、他に仕事もなく、これまでやっていたネット事業を独立させて、その会社の経営者になりました。

「でも、本当に、何もやることがなかったので嫌々やり始めたんです。私は人に仕えるほうが向いていると思っていたので、社長をやるなんて思いもしませんでした」

と語っています。その後、かつてお世話になっていた企業から仕事を請け負ったりして、徐々に事業を拡大していきます。

想像もしなかった独立と社長業をやる中で、事業拡大に成功し、JASDAQ上場企業にまで成長させました。そもそも望んでいなかったことで、苦難を越えて成功を収めた石村氏に、「なぜそうなったと思いますか？」と質問したところ、次のような回答が返ってきました。

「振り返って考えてみると、私はEコマースが好きだったんですね。だからEコマースの未来に大きな可能性を感じているし、自分がやっていることが間違っていないと確信を持っているんです。リストラされたことも、今となってはよかったことだと思えます」

石村氏は、「想像もしないこと」で成功を手にしていたのです。

多くの人が抱いている成功に至るまでのイメージは間違っています。多くの人々の成功のイメージは図2（46ページ）のようです。夢や目標を持ち、行動すれば右肩上がりに成果を出すことができ、最後には成功へとたどり着く、というものです。カーブに程度の違いはあるものの、成功に向けて一直線、というイメージです。

しかし、現実はまるで違います。いわゆる成功者の成功に至る道筋は、図３（46ページ）のようなものです。ジグザグの期間が長く続き、あるとき謎のブランクが現れます。そしてその先で急激に上昇します。私はこの謎のブランクを「成功の分岐点」と名付けています。

成功を手にした人たちは、ジグザグの期間、いつ、どういう内容で成功するかわかっていませんでした。アクションをスタートさせた時点はもちろんのこと、ジグザグの期間の最中でも夢や目標を明確に持っていたわけでもありません。

つまり、「自分はこれだ」と決めて突き進んでいたのに途中で方向転換を余儀なくされたり、何も決めずに動き始めたけれどもそのときそのときのひらめきに応じて行動するうちに次第に方向性が定まってきた、ということが少なくないのです。

夢や目標がなくてもアクションを続けていると「成功の分岐点」と名付けた謎のブランクに至ります。これこそが、成功者たちが経験している「自分の想像を超えた」急上昇と、その先へと続く成功への道筋なのです。

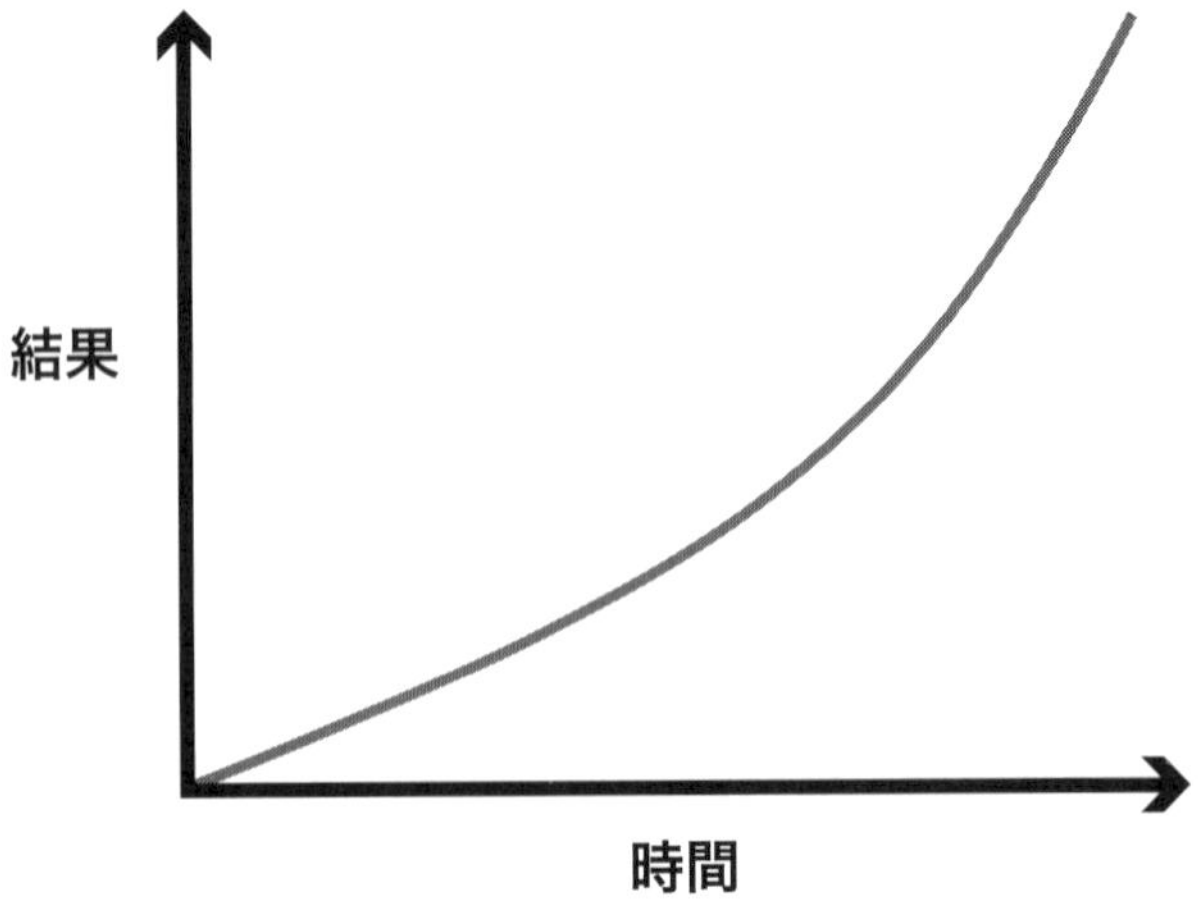

図２　多くの人が考えている成功のイメージ

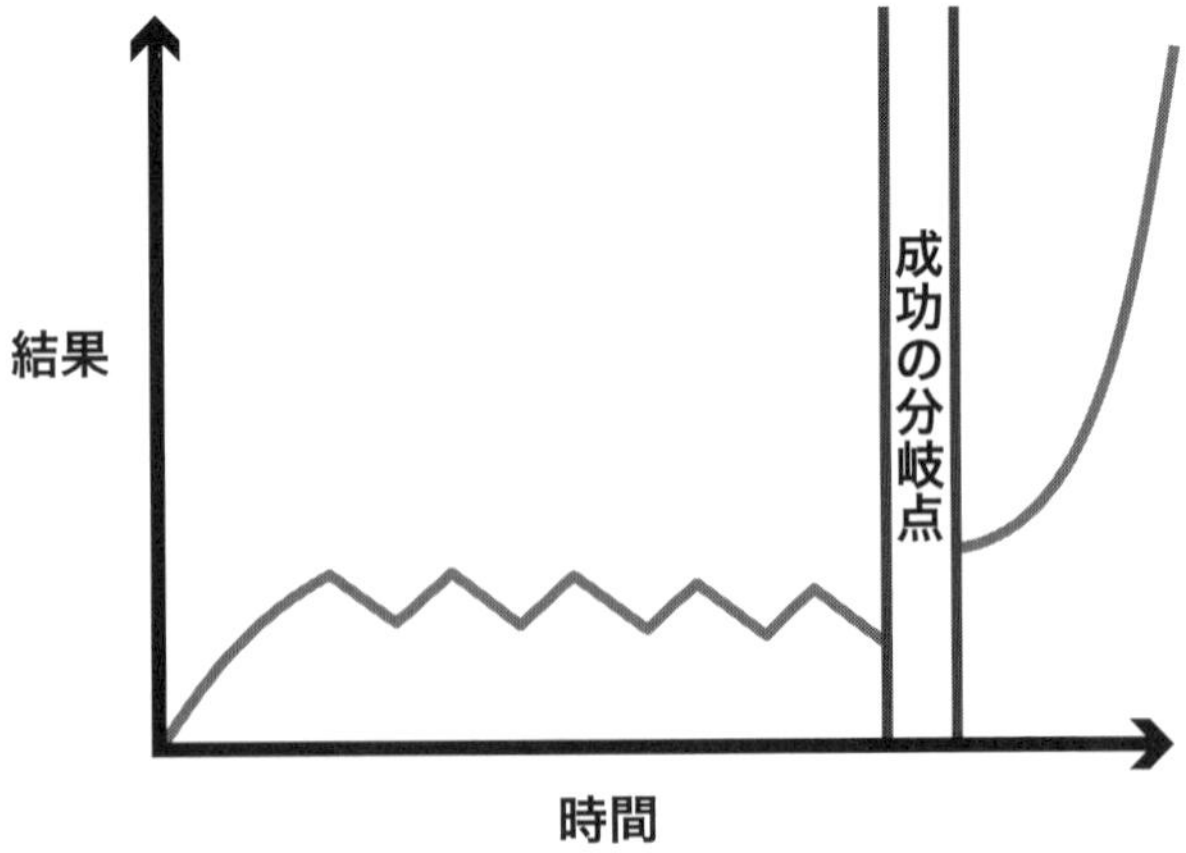

図３　成功者が成功へと至る道筋のイメージ

つまり、「夢がないから成功できない」という思い込み自体が、誤った思考のフレームであり、バカシステムにとらわれている証拠です。最初に仕掛けた人の思惑通り、「明確に夢を描けば成功する」という説を盲目的に信じ、それに縛られているのです。もう思い悩むのはやめましょう。夢がなくても成功を手にすることはできます。それにはまず、バカシステムから脱出する必要があります。

次の章では、この社会のバカシステムがどのように成り立っているのかを紐解きます。そして、そのバカシステムから脱出するにはどうしたらよいかを紹介します。

第1章・まとめ

■人は誰しも「思考のフレーム」「行動のフレーム」を持つ。
そのフレームによって、深く考えることなく物事の価値を定めたり、
行動したりしている＝思考停止状態に陥っている。

■「バカシステム」とは、いくつものフレームによって、
根拠が確かでない価値基準や法則を信じてしまうこと。
また、それを利用して人を従わせたり、操ったりすること。

■自己啓発の世界で信じられてきた「明確な夢・目標がなければ成功しない」
というメソッドも、作られた嘘。
多くの成功者はいつ、どんな内容で成功するかわからないまま道を進み、
あるとき自分の想像を超えた急上昇を経験している。

第2章

バカシステムから脱出して自由になる方法

あなたは「あなたの世界の解釈にふさわしい自分」になっている

1章ではフレームとバカシステムの存在について説明しました。フレームは誰もが持つもので、それにより行動や思考がパターン化しています。こうしたフレームがいくつも作用し合い、根拠が確かではない価値基準をいとも容易く信じてしまう。私たちの社会は、そんな強固で巨大なバカシステムによってできあがっています。

バカシステムは自己啓発のノウハウにも多く見られるもので、常識であるかのように語られている「明確な夢や目標を持てば成功する」、裏返せば「明確な夢や目標がなければ成功しない」という説も大きな嘘であると説明しました。

この章では、自分が持つフレームに気づき、バカシステムから脱出する方法を説明しましょう。**バカシステムからの脱出は、3章以降で説明する、成功を手にするための「Xメソッド」に欠かせません。**とはいえ、これまで慣れ親しみ、習慣化した考えを手放すのは容易ではありません。具体的な方法を説明していきますので、読みながら実際にご自分でもやってみてください。繰り返し行うことで新しい考え方や捉え方が自分のものになっていくでしょう。

まず、なぜ自分が持つフレームに気づき、バカシステムから脱出しなければならないのかを説明しましょう。

１章で自己啓発の嘘として、「明確な夢や目標を持てば成功する」というノウハウを例に挙げました。同じような嘘に、セルフイメージに関するものがあります。

「成功した後の自分をイメージする」
「自分に対して自信を持ち、成功者であるかのように常に振る舞う」

こうしたノウハウは残念ながら１００％真実ではありません。なぜなら、**あなたは、あなたが考えている通りの人間になるのではなく、あなたが信じている世界に〝ふさわしい人間〟になっている**からです。

言い換えると、あなたは自分を取り巻く環境や出来事に対しても、何かしらのフレームを持っています。そのフレームに合わせた人間になるのです。**「成功した自分」「お金持ちになった自分」などと自分に対するイメージをいくらポジティブに変えても成功が近づくわけではありません。**成功するためには「世界の解釈」を変えることが大切なのです。

あなたが普段目にしている「世界の解釈」を変えない限り、いくらセルフイメージを変えようとしても、自分を変化させることはできません。

わかりやすい例え話で説明しましょう。

ある朝、目を覚ますと、あなたは刑務所の中にいました。

しかも、ここ1カ月の記憶がありません。どうやらこの1カ月の間に、大変なことが起きたようです。刑務官から、あなたは「18号」と呼ばれています。あなたは、必ずこう確信するはずです。「私は囚人なのだ」と。

あなたは状況から、「私は刑務所にいる囚人だ」と判断しました。しかし、あなたはそれを受け入れることができずに、自分のメンタルをポジティブに変えることにしました。

「私は刑務所にはいない。私は自由な人間だ。私は成功する」と毎日自分に言い聞かせて潜在意識を変えようとしました。でも、毎朝目覚めると刑務所の中にいるという現実は変わりません。結局、メンタル書き換えの努力は無駄に終わり、元通りに「私は囚人である」という自己認識に戻りました……。

さて、この話をあなたはどう捉えましたか？　当たり前じゃない、それがどうしたの、と思われたかもしれません。しかし、ここにこそ、ポジティブ思考になっても自分を変えられない決定的なヒントが隠されているのです。

あなたは今、刑務所にはいないし、囚人でもないでしょう。しかし、あなたは「あなたが解釈する世界」の中にいるのは間違いありません。

刑務所ほどではなくても、「あなたが解釈する世界」が、〝自由がきかず、がんじがらめの世界〟ならば、あなたは〝自由がきかず、がんじがらめの人間〟であると自己認識しているはずです。それはちょうど刑務所の中にいるから、自分は囚人であると自己認識しているように。

もしかしたら、あなたは「あなたが解釈する世界」という刑務所にいるのかもしれません。**〝あなた〟というセルフイメージを作っているのは、内面のメンタルではなく、あなたが見ている世界の解釈なのです。**あなたのセルフイメージは、あなたが世界をどう捉えているかの結果、なのです。

「この社会は学歴がものをいう」
「女性は男性より弱い」
「歳をとると可能性がなくなる」
「内向的な人は成功できない」
「失敗したら再起は不可能だ」

「貧乏な人にはチャンスは訪れない」
「金持ちは悪いことをしているに違いない」
「起業する人の9割が失敗している」

あなたは、あなたの住んでいる世界の出来事を、あなた流の解釈で理解しています。その数は膨大で、数え上げることもできないくらいです。その解釈をすべて足したものが、「あなたの世界」です。そして「みんな同じ世界に住んでいるはずだ」と信じて疑わないのです。しかし、それは幻想に過ぎません。世界は人それぞれの解釈があります。人によってその捉え方は千差万別なのです。

人は自分のフレームに合った情報ばかりをキャッチしています。例えば、「この社会は学歴がものをいう」というフレームを持っていれば、成功者の経歴の中でも高い学歴にばかり目がいきます。そしてますます「学歴がものをいう」という確信を強めていきます。たとえ中卒で成功した起業家が現れたとしても、「この人は何か特別な才能を持っていたのだろう」と例外として処理してしまい、「やっぱり一般人にとっては学歴がものをいう社会なんだ」といつもの思考パターンに落ち着きます。

同じようなフレームを持った人同士は話が合い、行動も似てきます。一緒にいて居心地もよい。ある目標に向かって一緒に行動するときも、同じフレームを持っていたほうがスムーズにいくので、企業は同じフレームを持った人を採用する傾向がありますし、プライベートでも同じ趣味など似たタイプの人が集まる。こうして、世界に対して似たような解釈をする人同士のコミュニティが形成され、そのコミュニティが濃密になればなるほど、それにマッチした自分になっていくのです。

それで問題がなければ、現状のままでも快適な生活を送ることができるかもしれません。しかし、**こうしたパターン化した思考が、あなたの可能性を狭めたり、本当は望んでいることでも「今の自分には無理に違いない」と諦めさせたりしているのです。**それはバカシステムにとらわれてしまっている、ということなのです。

成功を望むのであれば、世界の解釈そのものを変えることが必要です。自分が持つ強固なフレームに気づき、それを破壊することでバカシステムから脱出し、自由な発想を手に入れなければならないのです。

自由な精神のワールドを手に入れよう

バカシステムを超えた先に何があるのでしょうか。**そこには私が「ビヨンド」と呼ぶ自由な精神のワールドがあります。**

本書の冒頭で、若いころに多額の借金を抱えてにっちもさっちもいかなくなった私は、文字通り目の前が真っ暗になる経験をしたという話をしました。

「失ったものを数えるな。得たものを数えよ」という言葉が浮かんだ私は、ノートにまず1行、「生きている」と書きました。「得たもの」がそれしか思い浮かばなかったのです。それでもその1行をきっかけに、少しずつ自分の「得たもの」が浮かんできました。

「目が見える」

「身体が動く」

「食べ物を食べられる」

「人と話すことができる」……


今振り返ると、あのとき私はバカシステムを超えたのだと思います。

すべてを失った私は、それまで自分を縛っていたバカシステムから解放されたのです。これまでの思考・行動のフレームが一度崩壊し、自由な精神になれたからこそ、本来の自分が望んでいることがわかり、目指す方向が明らかになりました。これこそがビヨンド、つまり**バカシステムの向こうにある目指すべき境地です。**

その後、私は想像もしなかった未来を次々と実現することができました。失意のどん底にいたときのことを考えると、まさに奇跡が起こったとしか思えませんでした。

ビヨンドは、私のように生命の危険を感じるような経験をしなければたどり着けないわけではありません。普通の生活をしながらバカシステムを超え、精神の自由を得る方法があります。

全部嘘だと疑う「全部嘘法」

バカシステムを超えるには4つの段階があります。その第1段階が「全部嘘法」です。「全部嘘法」はとりあえず何でも「これが嘘だとしたら？」と疑ってみる、とても簡単な方法です。何でもすべて、あらゆることを疑うのです。そして、その裏にある仕組みや意図について考えてみてください。

これは、拙著『100の結果を引き寄せる1％アクション』（サイゾー）でも解説していますが、この手法はとても強力で、普遍性があるので改めてご紹介しましょう。

あなたがファストフードに行ったとします。あなたはカウンターで注文し、トレイに載せられたハンバーガーとコーラを席に持っていき食事をします。食べ終わったらゴミ箱がある場所に行き、飲み残したコーラを捨て、燃えるゴミと燃えないゴミを分別して店を出ていきます。

当たり前ですか？　何も不思議ではないですか？　もし何も感じないなら、あなたは相当強固な思い込みをしているといえます。

私ならこう考えます。「なぜお客が何でもかんでもしなければいけないのか」と。

普通のレストランに入ったら、席に座っているだけで、注文を取りに来てくれて、食事も運んでもらい、片付けもお店側がやってくれます。しかし、ファストフードという「システム」の中に入ったら、お客が何でもかんでもするのが当たり前と、何も疑問に思わずに行動させられるのです(もちろん私はセルフサービスの仕組みを理解しています。ここではあえてあなたの思考習慣に対して問題提起しています)。

逆にいえば、疑問に思うことで、そこにあるビジネスシステムやビジネスモデルが見えてくるようになるのです。

自動販売機で飲料を買うときも、「ちょっと待てよ」と、立ち止まってみてください。自動販売機に表示されている商品は、なぜその並びになっているのでしょうか？　売れ筋の飲料が左上にあったり、真正面にあったりしませんか？　そこには意図があるのです。

このように、**普段自分が当たり前と思って接しているものやことを、そのままに受け止めず、「これが嘘だったら？」「これは間違えていないか？」と一度疑ってみるのです。**そうすると「なぜそうなのか」の疑問が浮かび、異なる可能性や、そこにある意図や意識が見えてくるはずです。

通販番組を見ているのなら、なぜ「古い商品を下取りします」と言っているのか、その真意を考えてみてください。慈善事業やサービスではない意図があるはずです。「数に限りがあるので、お一人様3個まで」と言われ、「お買い得なのだ」「限定商品なのだ」と条件反射で考えてはいけません。まずは「嘘だったら？」と考え、なぜそう言うのかを考えることで、番組の意図を読み取ってください。

「全部嘘法」の練習に、日々目にするインターネット上の情報は最適です。個人でも簡単に情報発信できることから、これまでもインターネットの情報は玉石混交であることがいわれてきました。常に疑って見ていた人も多いでしょう。

最近でも医学的な根拠がない情報を健康に関するキュレーションサイトで紹介していたり、ページビューを増やすため、あるいは政治的な理由で、嘘の情報を流すフェイクニュースが問題になっています。発信元が大会社だから、プロが書いている記事だから、といった思い込みで信じていた人は裏切られたと思ったことでしょう。「全部嘘法」を活用して「このＳＮＳの投稿は嘘かもしれない。だとしたら、誰が得をするんだろう」「このネットのオススメ記事は嘘かもしれない。だとしたら、どんな影響があるのだろう」と考えてみてください。

テレビ番組や新聞も「全部嘘法」を使ってください。無数のニュースがある中で、なぜ今そのニュースが報道されるのか。Ａという切り口でしか論じていないが、Ｂから見たらどうなるのか。ＣやＤという考え方はないのだろうか。

政治家の発言、国や官僚が発信する情報も同じです。なぜその問題を強調するのでしょうか。不祥事に関しても、なぜそのタイミングに暴露されたのでしょうか。内容はもちろんのこと、その情報が出た背景もあわせて考えてみてください。誰がその情報を知り得たか。その情報が世に出ることで得をするのは誰か。こうした視点を持つことで、今まで見えなかった部分を窺《うかが》い知れるようになります。

このように、何でも鵜呑《うの》みにするのではなく、「本当にそうなのか？　自分は何か思い込みをしていないか？」という目を持つことが大切です。**真相はわからなかったとしても、新しい視点がそこに拓けてくるはずです。それこそがフレームを壊し、バカシステムを脱出する第一歩です。**

全部嘘法では、目に映るもの、耳に入るものすべて疑うことがコツです。バカシステムの多くは「常識」という形で存在しています。その常識も根拠があやふやなものが多いことは、すでにおわかりのことでしょう。例えば、普段使っている言語にしても、カタカナで書かれた外来語は、聞き間違いが基になっている言葉が少なくありません。制度が変われば簡単に常識も変わります。日本の常識が海外の非常識であることも皆さんご存知の通りです。

常識だから、という理由で鵜呑みにするのはやめましょう。

「全部嘘法を使っていたら、何もかも信じられなくなりませんか」と聞かれることがありますが、そんなことはありません。たとえすべてを疑ってかかったとしても、簡単には壊れないくらい、あなたの世界の解釈は頑丈です。

また、全部疑ってみようと思っても、実際にはほとんどの時間は疑ってみることを忘れてしまうものです。目や耳にするものの9割はスルーしてしまうはずです。つまり、常に実践できたとしても、認識を変えることができるのは、これまでの思考の1割程度に過ぎません。それでも十分なのです。たった1割でも考えを変えることができれば、そこを入り口としてあなたが信じている世界を劇的に変化させていくことができるのです。

全部嘘法は、自分の思い込みに対して「嘘だろう」と考えるのがポイントです。その際に最も大事なことは、「正解を探さないこと」。「このニュースは嘘。本当は〇〇」と決めつける必要はないのです。

正解は一つとは限りません。無理に正解に到達しようとすると、また別のバカシステムに入り込んでしまうおそれがあります。こんな可能性が考えられる、と選択肢を広げていくことが大事です。

答えは複数あると考える「1対Nの思考」

全部嘘法に続いて、バカシステムから抜け出す第2段階を説明しましょう。それが「1対Nの思考」です。これは「全部嘘法」を助け、より自由な発想を可能にします。

私たちが学校で教わってきた勉強は、唯一の正解を求めるものでした。そのため、社会に出てからも、何事にも正解があると錯覚してしまい、正解がないと不安になってしまう癖がついています。このように唯一の答えしかないと考えることを「1対1の思考」と私は名付けています。

例えば私たちが「1対1の思考」に陥りやすいものに「活字は正しい」という思い込みがあります。教科書は正しいという刷り込みがベースとなって、新聞、雑誌、書籍などの印刷物を正しいと信じ込んでしまうのです。でも、誤植はよく見られますし、内容自体にも単純な間違いや意図的な誤情報が多くあります。

現実の世界では正解は一つではありません。いくつもの答えがあるのが普通です。考え方によっては正反対の方向性も出てくるし、さまざまな可能性が存在します。私たちは数多くの選択肢から自分が納得できるもの、良いと思うものを選択しているに過ぎません。いえ、もっと厳密にいえば、フレームによって思考停止のまま何かを選択しているに過ぎないのです。

「1対1の思考」に対して、**さまざまな選択肢を考えることを私は「1対Nの思考」と呼んでいます。**ちなみにNにはどんな数でも入れることができます。また、この「1対Nの思考」では、必ずしも絶対的な根拠を持たなくても構いません。仮説でよいのです。

簡単な例でいうと、「冷たいビールはおいしい」。これは「1対1の思考」ですね。どうでしょうか。ビールは必ず冷たいほうがおいしいといえるでしょうか。ヨーロッパでは常温で飲まれるビールもあります。ビールの種類によって適温が異なるため、キンキンに冷やしたほうがおいしいものもありますが、冷やし過ぎると味を損ねるものもあると聞きます。温かいビールはどうでしょうか？　寒い冬に飲むと案外イケるかもしれません。

こういった**多様な選択肢をいくつ思い浮かべられるか。「1対Nの思考」はそこを意識します。**

「1対Nの思考」を身につけるには、①さまざまな情報にあたってみる、②記事や本が書かれた背景を考える、③周りの人と意見交換する、④実際に自分の目や耳で確かめる、といったことを意識的に行うとよいでしょう。その結果、他にも選択肢や可能性があることが見えてきます。

ところで、「1対1の思考」から抜けられない人は、情報を大量にインプットすれば唯一の正解が見つかると思い込みがちです。受験勉強のフレームのまま、強固なバカシステムにはまっている状態です。情報を大量に取り入れても、自分の頭で考えることを放棄したままでは正解は何も見えてきません。

速読で大量の情報に触れて満足している人も注意が必要です。速読で得た情報が正しいと思い込むことは「1対1の思考」に他なりません。速読はより多くの情報を脳にインプットすることを目的としているため、特に思考がおろそかになりがちです。意図的に作られた情報を見抜くのには向きません。

もちろん、速読自体を悪いと言っているのではありません。私も速読の技術を持っていますし、とても役に立っているのを実感しています。しかし、速読では、「ちょっと待てよ、これは他にも可能性があるんじゃないか？」と立ち止まる時間がないのです。速読のときこそ意識的に「1対Nの思考」を使ってください。

あらゆる情報に対して「全部嘘法」で疑い、「1対Nの思考」で多くの可能性を探る。

情報の発信者である私に対してもこの思考を持ってください。私はセミナーなどで「全部嘘法」を実践していただくために、まずは私が話していることを疑うよう伝えています。私は私のフレームを通してしか世界を見ることができません。そこには必ず私流の解釈が入っています。もしも「私の話を全部信用しろ」と言う人がいたら、その人こそ世界一の嘘つきです。

誤解を恐れずにいえば、**この世界に「完全無欠な真実」はなく、すべての情報には誰かの意図が含まれていると言っていいでしょう。**どんな本でも書き手のバイアスや解釈が入り込みます。それらは概して書き手にとって有利な内容になっています。いかなる本を読むときも、「これはこの著者の解釈をまとめたもの」という意識を持って読むことが重要です。

自分の思考は常にニュートラルに保ち、「これも一つの考え方だな」という程度にとどめておくことです。その上で、自分の考えをまとめ、自分の意見を持つように常に意識してください。

「1対Nの思考」を身につけるコツをまとめると、まずは「全部嘘法」を使って目の前の情報を疑い、次にあなた流の仮説を複数考えます。はじめは一つぐらいしか思いつかないかもしれませんが、慣れてくればいくつも浮かんでくるようになります。

繰り返しになりますが、この方法は「正解」を求めるものではありません。仮説をいくつも考えることにより、思考の柔軟さが生まれ、バカシステムからの脱出を容易にします。

一つ上の抽象度で考える「メタ思考」

バカシステムから脱出する４段階のうちの第３段階。それが「メタ思考」です。**「メタ」とは、上位の視点に立つという意味です。**

突然ですが、アメリカンショートヘア、マンチカン、スコティッシュフォールド、ヒマラヤン、シャムと言えば何？　そう、ネコです。ネコは何の種類に入るかというと哺乳類に分類されます。哺乳類には犬やライオン、猿も含まれます。さらに上位の概念には動物があり、鳥や爬虫類、両生類も動物に入ります。

このように抽象度をあげていくのが「メタ思考」です。メタ思考をすれば、より広い世界を俯瞰することができます。

もう一つ例を示しましょう。ひげを剃るためのカミソリを想像してください。三枚刃や四枚刃などさまざまな種類があります。今度はインクジェットプリンターを想像してください。コピーを取ったりパソコンで作った文書を出力したり、皆さんも日常的に使っていることでしょう。この2つは用途も違えば、置いてある場所も違います。カミソリは日用品として分類できますが、インクジェットプリンターはＯＡ機器に分類されます。

では、カミソリとインクジェットプリンターに共通点があるとしたらそれは何でしょうか。

共通点を知るには抽象度をあげること。両者を俯瞰してビジネスの視点で見てみると、どちらも「本体ではなく消耗品の交換で儲かる仕組み」と捉えることができます。ひげ剃りの替え刃も、インクジェットプリンターのインクも、通常は本体と同じメーカーのものを使います。どちらも本体は買い替えまでに時間がかかりますが、刃が切れなくなったり、インクがなくなったりしたら交換しなければ使えません。両者は同じビジネスモデルといえるのです。

このように、**抽象度をあげて物事を捉えることを「メタ思考」といいます。**

「メタ思考」を持つと、他の人とは全く異なるアイデアを導き出すことができます。例えば「新しい自動車を考える」という課題があったとします。この課題は自動車をどのように捉えるかによって出てくる案が変わります。

自動車を「ガソリンや電気で走る乗り物」と捉える人と、「移動のための乗り物」と捉える人とでは、出てくるアイデアは異なります。「ガソリンや電気で走る乗り物」と捉えた人は、形や機能はそのままで、エネルギーに着目して水力自動車や風力自動車を考えるでしょうし、「移動のための乗り物」と捉えた人は、羽の付いた空を飛ぶ自動車を考えるかもしれません。

さらに抽象度をあげ俯瞰して考えることで、今までにないコンセプトを見つけることもできます。自動車を「仕事のための空間」として捉えれば、ＴＶ会議ができる車という案も出るでしょう。

２００５年ごろ、私は、いずれ家電メーカーなど自動車メーカー以外の会社が自動車を作る時代がくるだろう」と「メタ思考」を使って予測しました。現在、Ｇｏｏｇｌｅが自動運転のプロジェクトを進めるなど、私の予測は現実化しています。将来的には、ゲームメーカーが自動車をクリエイトする時代も考えられます。

「1対Nの思考」が二次元の思考であり横に広がりを持つ思考なのに対して、「メタ思考」は三次元の思考です。そのため、「メタ思考」ができる人は、そうでない人には見えない世界を俯瞰して見ています。

言葉の定義を変える「定義の転換」

バカシステムを脱出するための方法として、「全部嘘法」「1対Nの思考」、そして「メタ思考」を紹介しました。「メタ思考」ができるようになったら、これからご紹介する第4段階、**「言葉の定義の転換」をぜひ試してほしいと思います。**これができるようになると、バカシステムの呪縛を軽々と超えられるようになるからです。

まず、身近なもので練習してみましょう。

あなたの目の前にホッチキスがあるとします。ホッチキスの定義は何でしょうか？「複数の紙を綴じる文房具」、これが一般的な定義だと思います。私が提唱する「言葉の定義の転換」では、この定義をひっくり返します。そのためには、ホッチキスをメタ思考で見てみます。

文房具という視点をキープしたままなら、「バインダーの売り上げを下げるもの」や「仕事の効率化を図るもの」という定義に変えられます。

さらに抽象度をあげて、文房具という視点も超えると「インテリア」という定義が可能です。実際、木材を使ったり、デザイン性を高めたり、インテリアとしての機能を持った文房具は数多くあります。

針を止めるときのガチャンという音に着目したら「楽器」という定義もできます。「おもちゃ」という定義も可能です。このようにホッチキス一つとっても、さまざまな定義に転換できるのです。

次は抽象的な言葉を例に定義を転換してみましょう。

「仕事」の定義は何でしょうか？　辞書で調べてみると「何かを作り出す、または、成し遂げるための行動」「生計を立てる手段として従事する事柄」などと書いてありました。それでは、思いつくままに定義を転換してみます。

一日の大半を費やすので「暇つぶし」。生活のリズムが整う点や通勤で歩くことから「健康法」。大人の男女が集まるという点では「婚活の場」となりますし、おしゃれ好きな人にとっては「自分のセンスを表現する場」でもあるでしょう。

日頃無意識に使っている言葉には、それこそ無数のフレームが紐付いています。「仕事とはサボってはいけないもの」「仕事とは指示された通りにこなすこと」「仕事とは辞めると生きていけないもの」などなど。

そういった**無意識に採用している定義を改めて意識化し、変えてみるのです。**言葉の定義を変えてしまうことは、すなわち自分の中に埋め込まれたフレームから抜け出すことになります。

バカシステムからの脱出

ここまで４つのバカシステムを超える方法を紹介してきました。そろそろ皆さんの頭の中には、これまでと違うものの見方が生まれてきていることと思います。

この項では、バカシステムを超えたとき、見えてくる世界について語ります。

私はかつて独立してすぐのころ、サラリーマン時代と変わらず朝６時に目を覚まし、朝８時から夜の11時ごろまで仕事をするという働き方をしていました。なかなかのハードスケジュールです。当時の私は、そうすることで仕事をした気になっていました。

サラリーマン時代はこうした勤務状態であれば残業手当もつきましたが、**独立してからは毎日決まった時間働いたからといって、それが収入に直結するわけではありません。**事実、収入はサラリーマン時代と比べて激減していました。「何をやっているんだ俺は。この先どうしたらいいのだろう」そんな悩みを抱くようになりました。

しばらくしてフリーランスで活躍する人と知り合う機会が増えてくると、サラリーマン的な仕事の仕方をしている私には想像もしなかったスタイルで仕事をしている人がいることに気づきました。

遊んでいるようにしか見えないのに、人の何倍も稼いでいる人たちです。よく観察すると、**1日わずか数時間で仕事を片付け、あとは自由に、自分の好きなことに時間を割いていました。**1週間のうちわずか2日だけ働いて、私の数倍の収入を得ている人、発明だけで億を超える財産がある人もいました。中には、行き当たりばったりのように見えて海外と連携した大型プロジェクトを成功させて、あっという間に成功者の仲間入りをした強者もいました。

仕事をする場所も、自分のオフィスやホテルのラウンジ、海辺のカフェなど、その日の気分で自由に選んでいるのが印象的でした。

彼らのワークスタイルも稼ぐ額も、私の想像を超えるものでした。当時の私から見れば、彼らは宇宙人のようでした。同じ地球に住んでいるとは思えないほどの衝撃だったのです。

今振り返ってみると、私はサラリーマン時代に身につけたサラリーマンにふさわしい思考法を、独立後も続けていたのです。仕事、時間、お金に対する概念がすべて〝サラリーマン仕様〟、つまり〝サラリーマンのバカシステム〟に組み込まれていたのです。

仕事＝毎朝決まった時間に職場に行き、与えられた仕事をこなすもの。

時間＝誰にも平等にあるもの。平日の朝８時から夜までは仕事の時間。時間の使い方は誰もが同じ。

お金＝毎月固定で銀行口座に振り込まれるもの。仕事の経験年数が長くなればなるほど毎月の額が増える。

私の中では、このようにそれぞれが定義化されていて、その定義を唯一の真実であるかのように思い込んでいました。それが脳のバイアスとなり、それ以外の情報は目に入ってきませんでした。そのため、それ以外の考え方や生き方、人の存在にも気づくことがなかったのです。

私が最もショックを受けたのは、それまで彼らの存在に全く気づかなかったことです。営業職を長く経験し、さまざまな人を知っているつもりでいたのに、出会うことすらありませんでした。みんなこれまでどこに隠れていたのだろう？と本気で思ったほどです。

あとでわかったことですが、私が独立後に会った〝宇宙人〟のような人たちは、サラリーマン時代を過ごした会社の半径10キロ以内に棲息していました。もしかしたらどこかで会っていたかもしれませんが、サラリーマン仕様のバカシステムの中にいた私には全く見えておらず、この世に存在していないことになっていたのです。

バカシステムの向こうにある「ビヨンド」。会社を辞めて、サラリーマン世界のビヨンドに行ったことで、突如〝宇宙人〟の存在に気づき、私がそれまで頑なに信じていた定義も新しく上書きされていったのです。

ビヨンドとは、新しい精神のワールド

ではここで、バカシステムを脱出する方法のラストで紹介した「言葉の定義の転換」を再び取り上げます。私が宇宙人の存在に気づけなかったことと、言葉の定義に縛られていることが密接に関わっているからです。

この章の冒頭で、あなたは、あなたが信じている世界にふさわしい人間になっていることを話しました。もう少し詳しく説明すると、**人は、自分の言葉の定義にマッチした「精神のワールド」を持っています。**似通った言葉の定義を持つ人同士は、世界に対する解釈も似ています。先の例でいうと「仕事とはサボってはいけないもの」と定義している人同士は、世界の解釈も似ています。例えば「この世界は、お金を稼がないと生きられないところ」「この世界は、会社で評価されることが正しいこと」などでしょうか。

こうした同じ定義を持つ人たちは気が合い、心が通じ合うと感じます。このような人同士は、同じ精神のワールドを持っています。そして、同じ精神のワールドの住人には、同じようなことが起きます。

例えば、「仕事とは、楽しいゲーム」という精神のワールドの住人同士の場合、誰かが「実はAという国で事業を展開しようと思っているんですよ」と言うと、「その国は私も気になっていたんです」ということが少なくありません。海外進出する時期が近かったり、別の業界にもかかわらず、事業を買収しないかという話が前後して舞い込んできたり。

同じ精神のワールドにいると、興味を持つ情報も似てきます。それが行動にも表れますから、属する精神のワールドにマッチした現実がどんどん引き寄せられてくるのです。

精神のワールドはそれこそ無数にありますが、サラリーマン時代の私がフリーランスで活躍する人たちの存在に気づかなかったように、バカシステムにがんじがらめに

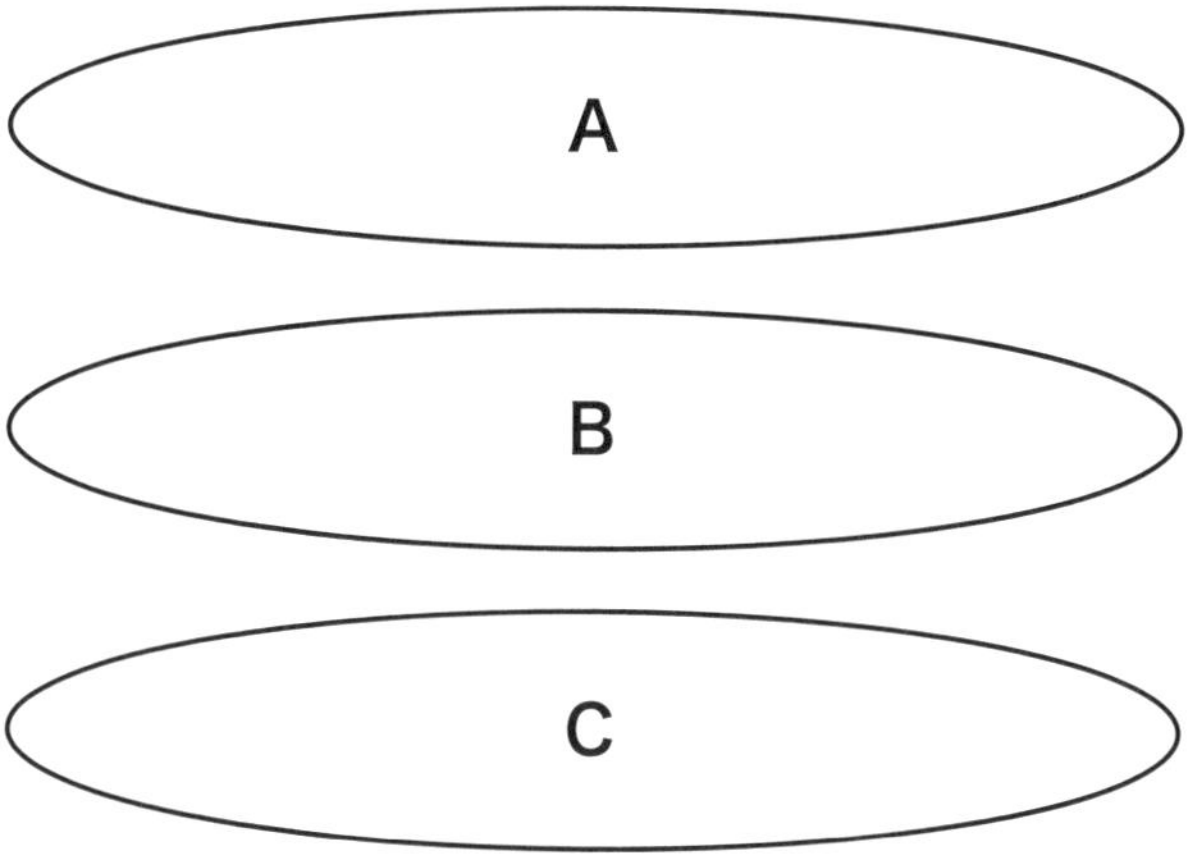

図4　世界の真実に気づくための最大の秘密「精神のワールド」

なっていると他の精神のワールドは見えません。

図4で説明すると、Aの精神のワールドに属する人は、Bの精神のワールドやCの精神のワールドのことが理解できません。中には他の精神のワールドが存在しないと思っている人すらいます。

私たちは全員同じ世界で暮らしているように見えますが、それはあくまで物理的な世界であり、精神のワールドは数え切れないほど存在します。その中のどれかにあなたも属しているのです。

ある精神のワールドでは、「お金」について、「自分が働いた分、毎月決まった額が口座に振り込まれる」と定義しています。その中の人たちは「毎月の住宅ローンの支払いがきつい。借り換えを検討してみようかな」と感じているでしょう。

ところが別の精神のワールドの「お金」の定義は「お金がお金を連れてくる」というものです。その中の人たちは、「次の投資先はインドの会社にしよう。あの金融機関はインドの投資に積極的だということだから相談してみよう」と考えているかもしれません。

このように、私たちは同じ社会に暮らしていながら、言葉に対して全く別の定義を持ち、全く異なる世界観を持って生きているのです。

バカシステムから脱出すると、これらの無数の精神のワールドが見えてきます。これまで「こうでなければいけない」とバカシステムにがんじがらめになっていたことが嘘のように感じられるでしょう。言葉の定義を変え、バカシステムから脱出すると、見えてくる精神のワールドが変わりますし、あなたが持つ精神のワールド自体が変容していくことを実感することでしょう。**この〝新しい精神のワールド〟こそがビヨンドであり、バカシステム脱出のために４つのステップを経て身につけた思考法こそが「ビヨンド思考」です。**

本書では冒頭から、多くの成功者が成功へのプロセスで「想像できない未来」を経験しているとお伝えしています。バカシステムを抜け出し、今とは別の精神のワールドを持つことは、想像できない未来に至るためには欠かせないステップなのです。

次の章では、ビヨンド思考によりバカシステムを抜け出たあなたに、「想像できない未来」を引き寄せる方法をお教えします。いよいよ「Xメソッド」の登場です。

第2章・まとめ

■フレームを破壊し、バカシステムから脱出するためには、「全部嘘法」「1対Nの思考」「メタ思考」「言葉の定義の転換」の4つのステップが必要。

■4つのステップにより見えてくる新しい精神のワールドが「ビヨンド」であり、4つのステップを経て得た思考法が「ビヨンド思考」。

第3章

「想像できない未来」を引き寄せるXメソッド

明確な夢や目標がなくても成功できる方法、Xメソッド

本書で紹介する「Xメソッド」は、**明確な目標や夢がなくても成功を引き寄せる思考と行動の方法論です。**本書の冒頭で説明した通り、多くの成功者は、はじめから明確な道筋を描いてそこへ到達したのではなく、「想像もしなかったこと」によって、成功を手にしています。そのための準備として第2章では「全部嘘法」「1対Nの思考」「メタ思考」「言葉の定義の転換」というバカシステムを抜け出す4つの方法を説明してきました。

「Xメソッド」は、これまでの成功法則のように、未来を先に描いて人生をコントロールすることを目指すのではなく、「あなたが想像もしないこと」を引き寄せるための手法です。

私はこの「Xメソッド」の方法を思いがけずに発見しました。

かなり前になりますが、人生の目標が定まらず、悶々とした日々を過ごしていた時期がありました。仕事は順調でしたが、どうしても満足感が得られなかったのです。まだ何かできるのではないかという漠然とした焦りや不満を抱きつつも、何をすればいいのかわからない。心にモヤモヤした霧が立ち込めているように感じていました。

「どうせわからないのだから、わからないなりに何か決めよう」

と思うようになった私は、「世の中の役に立ちたい」という、**とてもぼんやりした目標を設定しました。**目標というよりは、テーマと言ったほうがいいかもしれません。従来の自己啓発メソッドを勉強した方からは、「もっと目標を明確にしたほうがいいですよ。リアルにイメージできるようにしなければ実現できませんよ」と指摘されたことでしょう。

でも私は、あえてこのテーマを自分の心に刻み込み、「このテーマを実現できたらどうなるだろうか」「私を取り巻く環境はどう変わるか」と考え、「全国規模で影響を与え、政治家や官僚も巻き込むような企画ができたらいいな」と妄想を膨らませていきました。

「世の中の役に立つような人物は、きっと大胆に行動するに違いない」という想像から、私が自分に対して決めたことは、「もし自分にそのチャンスが来たときには、大胆に行動する」、それだけでした。

テーマを決めてしばらくして、なんとなく見ていたテレビのニュースが、いきなり私の目に飛び込んできました。それは、クールビズで夏にネクタイが売れなくなり、ネクタイメーカーの倒産が増えているというものでした。いつもなら、右から左へ通り抜けていくニュースがなぜか心に引っかかり、気になって仕方がなかったのです。

そこで私は、当時のネクタイ業界の協会理事長に現状を取材させてほしいと連絡しました。当時は、政府がオフィスの冷房による電力消費を削減するとともに、CO_2の排出を抑制するクールビズをスタートさせたばかり。ビジネスマンにはノーネクタイなどの涼しい服装が推奨されました。この影響で、ネクタイの売り上げが激減してしまったのです。私はその実情を取材し、ブログで現状を取り上げました。

私の興味はここで終わりませんでした。この取材をきっかけに、クールビズの実態をもっと知りたいと思うようになったのです。すると不思議なことに、ある人からクールビズを推進している内閣府の担当者を紹介してもらうことができ、話をする機会を得たのです。

話を聞くと、ネクタイ業界が打撃を受けている一方で、クールビズ仕様の服やグッズが飛躍的に売れ、新しいマーケットを創出していることがわかりました。また、当初の目的であったCO_2削減にも貢献しているという話を聞くことができました。

次に私を待っていたのが、内閣府のプロジェクトへの参画でした。政府はクールビズを推進する傍ら、沖縄のかりゆしウエア（アロハシャツのような服）の普及にも力を入れていました。私はそのかりゆしウエア普及のお手伝いをすることになりました。全国から、かりゆしウエアを普及するためのアイデアを募集し、それを形にする企画を提案し、それが採用されたのです。まさか私が内閣府のプロジェクトに携わるようになるとは、想像もしていませんでした。

さて、私は人生の目標が定まらずにモヤモヤしていたのであり、「内閣府のプロジェクトに参画する」という明確な目標を持っていたわけではありません。「世の中の役に立ちたい」という抽象的なテーマを設定し、「社会全体に影響を与える仕事をしよう」と考え、チャンスが来たら大胆に行動しよう、と決めていただけでした。しかも、一連のきっかけになったニュースは、クールビズに関連していたとはいえ、かりゆしウエアとは無関係でした。

具体的な数字や明確な目標を持っていたわけではないのに、結果的に頭に思い描いていた「社会全体に影響を与える仕事」に関わるようになったこの流れこそ、多くの成功者が体験している「想像もしないこと」なのです。私自身、ネクタイ業界の危機というニュースを見て取材を申し込んだときには、内閣府のプロジェクトにまで至るとは想像もしていませんでした。この経験を通じて、自分が本当にやりたいことを実現するには、具体的な夢や目標を掲げる必要はないという思いを強くしました。さらに、多くの成功者たちへのインタビューからもヒントを得て完成させたのが「Xメソッド」です。

成功パターンをメソッド化

では早速、成功を引き寄せる「Xメソッド」について説明しましょう。何度も説明したように、従来の自己啓発のノウハウは、明確な夢や目標を設定して、そこに向かって歩むというものですが、多くの成功者は、自分が成功に至るまでのプロセスを進んでいることに気づいていません。自然な状態で進んでいるうちに、想像を超えた未来に出合い成功しています。それを意識的に作り出す手法です。

図5、6(96ページ)をご覧ください。これはXメソッドを見える化する「ヘキサツール」というものです。先ほど披露した内閣府のプロジェクトに参画したプロセスを例に、この「ヘキサツール」を使いながら、「Xメソッド」の具体的な進め方を解説します。

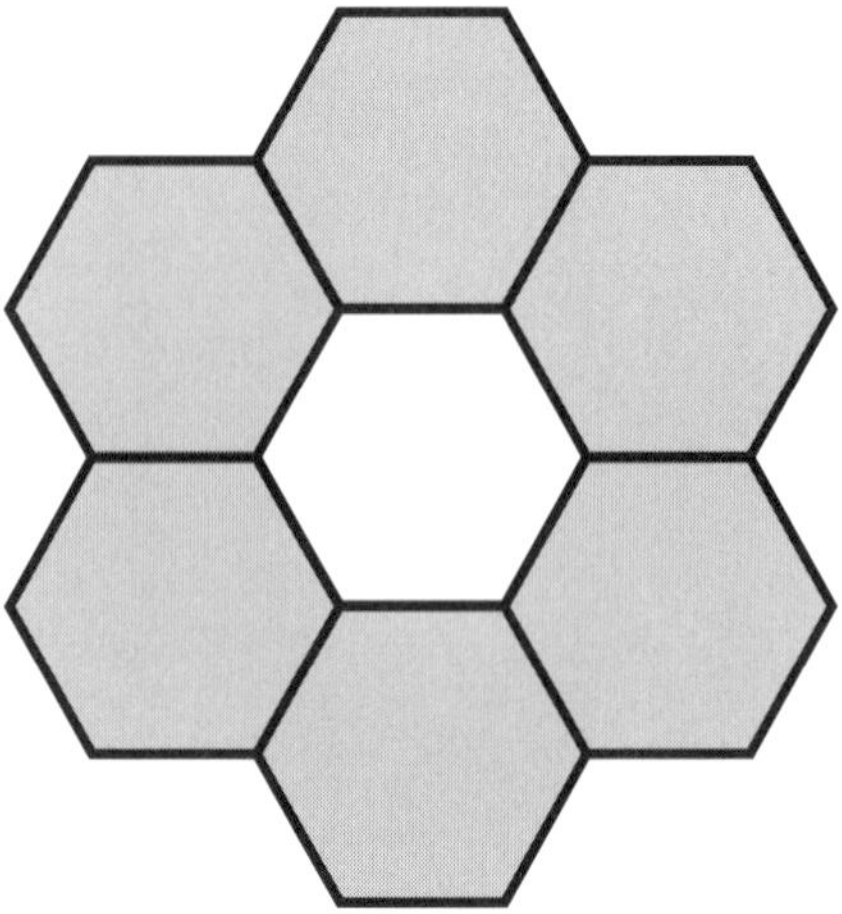

図５　Ｘメソッドをビジュアル化するヘキサツール

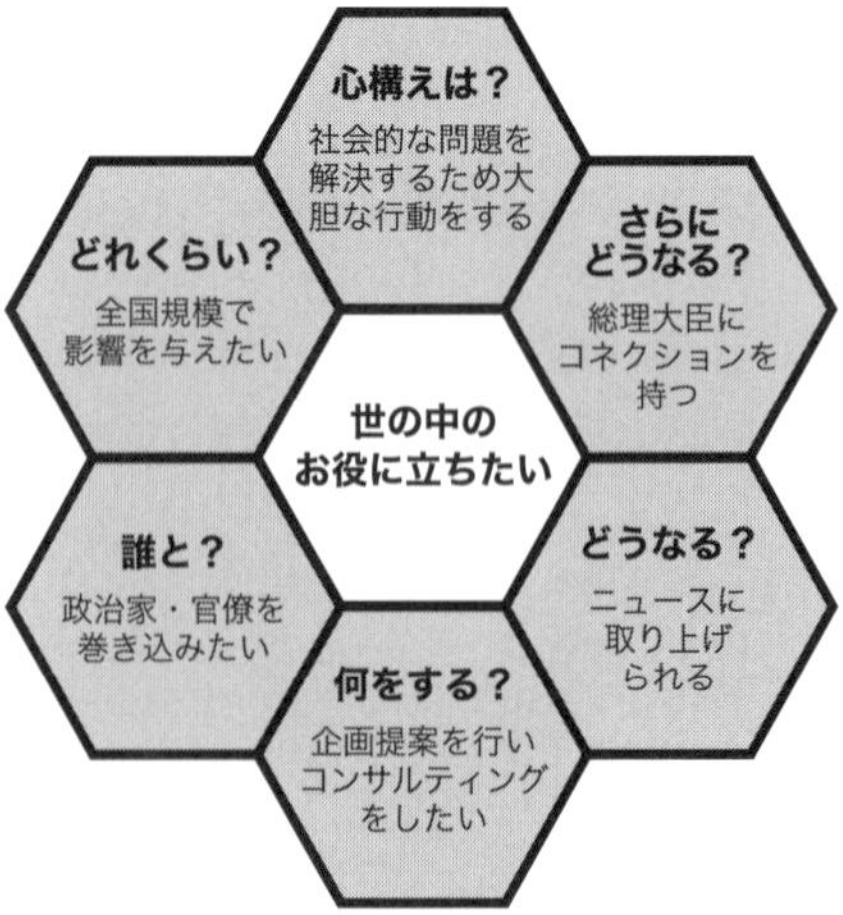

図６　ヘキサツールで頭の中をビジュアル化する

なお、「ヘキサツール」の図は、私が立ち上げた「思考力研究所」のサイト（ｈｔｔｐ：／／ｓｕｚｕｒｙｏｕ．ｃｏｍ）で入手できます。

「ヘキサツール」は六角形のメモ、7枚で構成されています。一つ一つの六角形を「ヘキサ」と呼んでいます。内容をどんどん書き換えていけるよう、各ヘキサを何枚も重ねて使用します。

まず、中央にテーマを書きます。ここを「セントラルヘキサ」と呼びます。「Ｘメソッド」の「Ｘ」にあたる部分です。**未来に自分が実現することが「Ｘ」です。この時点では抽象的なもの、大まかな方向性を与えるヒントと考えてください。**私の場合は、「世の中の役に立ちたい」というのがテーマでしたので、これを記入します。

次に、「セントラルヘキサ」の真上のヘキサです。ここは、「心構え」を設定するヘキサです。「Ｘ」を達成するような人はどのような心理状態なのかを書き込みます。

私は、世の中の役に立つ人物は、おそらく社会的な問題を解決するために大胆な行動をするのではないかと考え、もし自分にもそのチャンスがあれば、そのように行動しようと決めていました。「Xメソッド」では、この「心構え」の設定が最も重要になります。なぜ重要なのかは、第4章で詳しく説明します。

ここから左回りに進みます。次のヘキサは規模を記入します。「世の中の役に立ちたい」とはどのぐらいの規模か。私は「全国規模で影響を与えたい」と考えていました。とはいえ、具体的にありありとイメージしていたわけではありません。

ふわりと考えるというのがポイントです。未来は「想像を超える」のですから、それを実現していない今の段階で、頭ではっきり考えられることではないからです。**このファジーさが、「Xメソッド」の肝といってもよいでしょう。**

次の2つのヘキサはそれぞれ「誰と？」「何をする？」です。私は「政治家・官僚を巻き込みたい」「企画提案を行い、コンサルティングしたい」と考えました。これも設定したからといって、必ずそれをしなければいけないわけではありません。そこにとらわれないでください。私の場合は、たまたま書いたものに近い状況になりましたが、状況に応じて臨機応変に自分がなりたい状態を書けばよいのです。

特に「何をする？」のヘキサは、ビヨンド思考を発揮して、自由に設定しましょう。日頃から気になっていること、人の話を聞いて羨ましい、自分もそういうことをしてみたいと思ったことなど、現在の自分とは結びつかないことで構いません。

６枚目と７枚目のヘキサは「これが実現したらどうなるだろう」。私の場合は「ニュースに取り上げられる」「総理大臣にコネクションを持つ」と妄想を膨らませました。結果としてニュースに出るような案件に関わったことはすでにお話しした通りです。

ヘキサツールを使って、頭の中を見える化しました。とはいえ、すべてがはっきりとしているわけではありません。セントラルヘキサ、つまり「Ｘ」はとても抽象的です。具体的な数字も期限も設定していません。大きく幅をとっているため、どんなことでも当てはまるような懐の深さがあります。これでいいのです。

少し横道に逸れますが、抽象的に考えることのメリットについて触れておきましょう。

抽象的に考える能力は人類だけに与えられた特権であり、それによって人類は文明を築き上げてきました。世界的ベストセラーとなった『サピエンス全史』（ユヴァル・ノア・ハラリ著、河出書房新社）では、ホモ・サピエンスが他の動物や旧人類と異なり、高度な文明を発展させることができたのは「認知革命」が起こったからだと説いています。

この「認知革命」こそが、抽象的思考です。人類は目に見える現象以外の物事を抽象的にとらえる能力を獲得しました。「貨幣」や「社会」などのように抽象的な概念を持つことで、高度で自由な発想が行えるようになり、人類は想像を超えた進化を成し遂げたのです。

抽象的思考は、決してあいまいでいい加減な思考ではなく、人類に進化を促した特殊な〝能力〟だと理解してください。

「X」の周りのヘキサからは、とてもアバウトな設定にもかかわらず、未来の方向性がおぼろげながら見えてきます。自分では気づいていませんでしたが、このようにビジュアル化すると、未来に向けてある方向に照準が当てられていたことがわかります。

改めて、「ヘキサツール」の活用手順をおさらいしましょう。

①「抽象的なテーマ」の設定

中央のヘキサ(セントラルヘキサ)に、未来で自分が実現すること(＝X)の抽象的なテーマを書く

②「心構え」の設定

「セントラルヘキサ」の真上のヘキサに記入(以後左回りに)。「Xを達成する人はどのような心理状態なのか?」を書く

③「規模」の設定

Xを実現したときの範囲や大きさを書く。その際、ありありとイメージする必要はなく、ファジーでいい

④「誰と？」の設定

Xを実現するにあたって関わりたい人物や団体を書く。抽象的なイメージでもよい

⑤「何をする？」の設定

どんなことをしてXと関わりたいかを書く。いつかやってみたいこと、気になっているることをヒントにするとよい。ここに書いたことは、必ずしなければならないわけではなく、臨機応変に書き換えたり、その都度内容を変えたりしてもよい

⑥⑦「どうなる？」の設定

残り2つのヘキサの1つ目に「Xを実現するとどうなるのか？」を書く。2つ目には、「さらにXが発展したらどうなるのか？」を書く

もうおわかりのように、具体的に書かなければいけない項目はありません。**ふわっとしたイメージや願望で十分なのです。それでも、この手順を踏むことで、未来の方向性がおぼろげながら見えてきます。**このおぼろげな方向性がなぜ成功へと結びつくのかを次に説明しましょう。

余白を埋めようとする脳の機能を活用

「Xメソッド」が、なぜ夢や目標が明確ではなくても想像を超えた成功を引き寄せるのか、不思議に思う人もいらっしゃるでしょう。これは、脳の機能を活用したものなのです。簡単な例で説明しましょう。

2+X=5

この式のXは何でしょうか。簡単ですね。3です。5から2を引いて3を導き出すことができます。

次の文章はどうでしょうか。

私は「X」によって、日本での芸術の普及に貢献し、同時に金銭的にも豊かになった。

この文章の「X」とは何でしょうか。「X」に続く言葉から「芸術家になること」や、「美術商の仕事をすること」を導き出した人もいるでしょう。この「X」にはいろいろな言葉が入ります。答えは無数にありますが、「芸術の普及」「金銭的に豊か」というキーワードから、大まかな方向性を感じたのではないでしょうか。

人間の脳には、不明瞭なものや解決できないことをそのまま放置できない特性があるといわれています。周辺の情報でわからないところを補い、それが何かわかろうとします。ある条件や情報を与えられると、自動的に検索し、情報を集め、空白を埋めていこうとするのです。

これは、勉強法にも応用されています。試験勉強では、教科書を丸暗記するより一問一答形式やキーワードが空欄になっている穴埋め問題で勉強したほうが効率的だということは、実体験として理解されているのではないでしょうか。

これは心理学でいわれる「ツァイガルニク効果」というものです。人は目標に向かっているときは緊張感を持つけれど、目標を達成するとその緊張感が解消します。そのため、目標を達成しなかったことや中断したものは緊張感が解消されないため、達成したものよりも気になるという現象です。

達成していないもの、中断されたものが記憶に残るということを利用し、人の心に印象を強く刻む仕掛けは身の回りに多くあります。例えば、連続ドラマは１話で話が完結せず、次回に続く構成になっているし、情報番組やバラエティ番組の途中で流れる「続きはＣＭの後」というテロップもツァイガルニク効果を狙ったものです。

次はどうなるのだろう、と緊張感が続き、次はこうなるのではないか、と脳が勝手に推測を始めます。

「社会人に求められる◯◯力」というように見出しの一部を伏せ字にしたり、ｗｅｂの記事で次のページの見出しを前のページの最後に入れたりするのも同じで、読み手の興味を引き、関心を継続させているのです。

「Ｘメソッド」は、人に本来備わっているこうした脳の機能を応用したメソッドです。

自分が将来何をやるのかわからない、つまり脳に空白が生じている状態をうまく利用し、「ヘキサツール」を使って今ある情報を整理することで、方向性を見える化する。これにより、脳は自然に「この方向に進むためには空白を何で埋めたらよいか」と考え始め、必要な情報をキャッチし始めます。**脳の中に情報をキャッチするネットができるイメージです。**このネットでキャッチした情報が「ひらめき」です。一見何の脈絡もないようなひらめきも、実はこうした脳の働きによって生み出されているのです。

ただし、情報をキャッチするだけで終わってしまっては、想像もしない未来を引き寄せることはできません。**大切なのはひらめきを基に行動すること。**しかも1回の行動ではありません。ひらめいたら行動する。ひらめいたら行動する。これを繰り返し行うことで、おぼろげだったXが次第にはっきりと形を現すようになるのです。

ところが、現代社会では多くの人が行動できないことを悩んでいます。そこで、次の章ではスムーズに行動するための「ある方法」を説明しましょう。

第３章・まとめ

■明確な夢や目標がなくても、Ｘメソッドを使えば、想像もしていなかった未来を引き寄せることができる。

■Ｘメソッドを見える化するのがヘキサツール。ポイントは、あくまでファジーに、具体的には書かないこと。

■Ｘメソッドは、足りないものを満たそうとする脳の機能を利用したもの。人に本来備わっている機能を使うため、効果が高い。

第4章

「ひらめき」をフックに行動する

ヘキサツールで特に大切なのは「心構え」

ここまで、人を思考停止にするフレーム、嘘を真実だと信じ込ませてしまうバカシステムの存在、バカシステムから脱出する方法、想像もしなかった出来事を引き寄せる「Xメソッド」とその核となる「ヘキサツール」について説明してきました。この章ではXメソッドによって得たひらめきから、成功へ至る上で最も重要な「行動」について説明します。

その前に、「Xメソッド」の概要を整理します。

1　漠然とした抽象的なものでよいので、大きなテーマ（＝X）を決める

2　Xが実現したときに自分の「心構え」がどのように変化するのかを設定して、マインドセットする

3 「ヘキサツール」を使い、Xの周辺を〝見える化〟していく
4 脳が勝手にXを探し始める
5 ビビッとひらめいたことは躊躇《ちゅうちょ》せず、些細なことからでもまず「行動」する
6 想像もしない未来に遭遇し、人生が一気に好転する

「ヘキサツール」で「X」を設定するときは、ぼんやりとしたもので構いません。しかし、「心構え」のところは「ビヨンド思考」を用いて、今の状況を超えた状態にセットすることが重要です。この心構えをビヨンド思考で設定できると、他のヘキサにも影響を及ぼすからです。

私は自分が主催するワークショップで「ヘキサツール」を使ってワークを行い、「Xメソッド」について理解してもらっています。その際、「セントラルヘキサ」を囲むヘキサの中でも、「どうなる」の項目を埋めるのに苦労する人が目立ちます。そこで、「X

を実現すると、あなたのお金に対する捉え方は変化しますか？」というサポートの質問を投げかけます。

しかし、

「毎月のカードの支払いに困らなくなる」

このように書き込む人が多いのです。現状を超えて、成功を導き、人生を変化させているのであれば、

「金銭的に余裕があるので、儲かっている大手カード会社の株主になる」

これくらいの変化があるはずです。

「カード会社の株主になる」という人の頭の中には、もはや「カードの支払いに苦労する」という概念はありません。毎月のカードの支払いを挙げるのは、心構えが現在と変わっていないからです。

カードの支払い問題から抜け出せない人と、カード会社の株主になると考える人、

この2人について、「精神のワールド」で考えてみましょう。

常にカードの支払いを心配している人をAの「精神のワールド」に、その考えから

抜けて(=ビヨンド)、自分がカード会社の株主になると考える人をBの「精神のワールド」に所属しているとします。

Aの人にとっては、30万円の借金でも恐ろしく、100万円を超える借金をしたら、毎日が不安で仕方ありません。一方、Bの人は、「私の借り入れはたった5億円です。いずれは10億円にしたいと思っています」とさらに大きな借り入れをしようとしています。借金は怖いどころか、自分や自分が行う事業に対する信用の証と考えているからです。2人のお金に対する考え方はまるで異次元です。「精神のワールド」が違いすぎて、話が全く嚙み合いません。

「X」の次に「心構え」を記入するのはこのためです。**心構えのところでしっかりとビヨンド思考でマインドセットしないと、現状の延長線上でしか、他のヘキサを埋められなくなってしまいます。**

とはいえ、難しく考える必要はありません。目標にしている人や、こんな人になりたいという人を思い浮かべて、あの人だったらどういう心構えでいるのだろう、と想像してみるのです。**「ビヨンド思考」でその人がいる精神のワールドを想像し、そこに合う「心構え」を設定することで、時間の経過とともにマインドが変化していきます。**少し経ってヘキサツールに書いた内容が違ってきたと思ったら、自由に書き換えてください。ヘキサツールのところで説明したように、次々と上書きしていくこと、それがこのヘキサツールの特徴でもあるからです。

「Xメソッド」について、理解していただけたでしょうか。Xメソッドは、あなたがどのような過去を持っているかに関係なく、あなたの人生を変える力を持っています。しかも、やることはとても簡単です。簡単なのになぜ、現在の状況を変えてしまうのか。その理由を説明しましょう。

情報をふるい分ける＝ひらめく脳のメカニズム

繰り返しになりますが、Xメソッドで核となるテーマ、つまり「X」は、「世の中の役に立ちたい」というような抽象的なものを置きます。目標というよりは願望に近いものです。**このXを中心にして、心構えや規模、一緒に取り組む人、アクションなどを整理していくうちに、頭の中に描かれていたおぼろげなやりたいことが見える化できる。それが「ヘキサツール」です。**前述したように、なんとなく方向性が定まるとともに、その方向性にマッチした情報をキャッチするネットが脳にできるイメージです。

従来、成功法則として語られてきた「明確な夢や目標を持てば成功する」「金額など具体的であればあるほどいい」という説とは異なり、Xメソッドの核となるヘキサツールはむしろファジーな部分を残し、脳の機能を最大限に活かす方法です。

Xメソッドで脳の中にネットができると、日々、触れているさまざまな情報の中から、進むべき方向に合うものがピックアップされていきます。それが「ひらめき」です。3章の私の例でいうと、ネクタイ業界が打撃を受け、倒産する会社が増えている、というニュースがそれでした。その段階では、クールビズに興味を持っていたわけでもなければ、内閣府がかりゆしウエアの普及に力を入れていることも知りませんでした。

「Xメソッド」を利用するメリットは、この情報のふるい分けにあります。**「X」に関わる何かに接したときに脳が反応するため、あなたが意識をしていないことでも、ビビッと何かがひらめく瞬間が出てくるのです。**意識下での反応ですから、「なぜ、この情報に反応したのだろう？」と疑問に思うでしょうし、人に質問されても、論理的な説明ができず、「とにかく気になるから」としか答えられません。それこそがひらめきです。

従来の成功法則が深く刻み込まれた人は、自分が描いた夢や目標に向けて何をしたらよいか、どの道を選べば近道か、誰と協力したら成功の確率が高いかなど、常にフル回転で考えているでしょう。しかし、**当然のことながら考えれば考えるほど、あな**

たが手にする成果はあなたの考えの範囲内にとどまります。想像を超えた未来を引き寄せることはできないのです。

こうして常に考えている人にとって一瞬のひらめきはノイズでしかありません。それが合っているのか、なぜ思い浮かんだのかすらわからないために、単なる思いつきと捨て去ってしまいます。

でも、**自分の脳の情報をふるい分ける力を信じて、一瞬のひらめきを逃さないでください。**理由や根拠に関係なく、ひらめきに従って行動する。それが、想像を超えた未来へとつながっているのです。

行動によって次の扉が開く

ひらめきを大切にするということは、行動を起こすということです。いくら「ヘキサツール」を使って進むべき未来の輪郭が現れたといっても、動かなければ「X」は抽象的なままです。そのまま放置していたら何も起きません。行動することで次に開くべき扉を見つけることができるのです。

3章で紹介した私の例でいうと、クールビズにより夏にネクタイが売れなくなったというニュースを見て、私はネクタイ業界の協会理事長にすぐに連絡をとりました。

このとき私が最初にとった行動は非常に小さなものです。この段階ではどんなことが聞けるかもわからなければ、聞いた結果どうするかも決めていませんでした。**「興味があるから聞いてみよう」、その程度の軽い気持ちでした。これがひらめきを逃さない行動です。**

さて、何か気になることがあったとき、ネットで調べる人が多いかもしれません。しかしネットの情報は玉石混交だという話をしました。生の情報に触れること、つまり当事者に直接話を聞くことはとても大切です。

「普通のサラリーマンである自分が聞きたいと言ってもアポイントがとれないんじゃないか」

「相手に変に思われやしないだろうか」

「恥ずかしい思いをするのではないか」

などと恐れている人もいるでしょう。

でも、**必要なのはやらない理由を見つけることではなく、小さくてもいいので一歩を踏み出すことです。**

さらに付け加えれば、「優れた人ほど、敷居が低い」という事実も覚えておいてください。私の経験上、優れた人ほど、熱意ある人には門戸を開き、気さくに会ってくれます。逆に言えば、そういう人物だから成功したともいえるでしょう。これは企業でも同じです。

私は法人営業で大手企業から成約を何件も取ってきましたが、エクセレントカンパニーほど新しい提案に柔軟で、敷居が低いという事実を知りました。逆に居丈高で不遜な態度をとった企業は、その後凋落《ちょうらく》し、不祥事を起こした企業もありました。

あなたが勇気を出して行動したにもかかわらず、あなたを相手にしなかった人や企業に対しては、「そういうレベルだったんだ。縁がなくてよかった」と考えてください。

行動できない理由

私にとって、ひらめきを逃さず行動に移すことは、難しいことではありません。行動することの重要性を知っているとともに、人はなぜ行動できないか、その理由を知っているからです。

多くの人が行動できない理由は、うまくいかなかったとき心が傷つくことへの恐れです。

「失敗したら恥ずかしい」
「相手を怒らせるかもしれない」
「うまくいかなかったら信頼を失うのではないか」

などと行動する前に、先回りして考え、行動するための一歩が踏み出せないのです。

つまり、多くの人は起こってもいない幻想に対して恐怖しているだけなのです。

私が恐怖に立ち向かうキッカケになった言葉を紹介しましょう。イギリスの元首相ウィンストン・チャーチルの言葉です。

「危険が身に迫ったとき、逃げ出すようでは駄目だ。かえって危険が2倍になる。決然として立ち向かえば、危険は半分に減る。何事に出合っても、決して逃げてはいけない」

実際、行動してみると、当初考えていたような最悪のことが起こる確率は極めて低く、あっけなく実現することも少なくありませんでした。それでも、想定外のことが起こったとしても、「まあ、そういうこともあるさ」くらいに軽く受け流して、次にいけばいいのです。気楽に考えること。それが第一歩を踏み出すためのコツです。

「大きなことを成し遂げるには、大きな行動をしなければならない」と勘違いしている人もいます。歴史を動かすような大きな仕事であっても、人が一日にできることはわずかです。そのわずかな行動の積み重ねが、想像すらできなかった結果をもたらすのです。このことはとても大切なので、5章で詳しく説明します。

私がひらめきを逃さず行動に移せるもう一つの理由は、私には「ひらめいたら行動に移す」というフレームがすでにできあがっているからです。

1章で示した図3（46ページ）の、成功者が成功へと至る道筋のイメージを思い出してください。ジグザグの期間は、いろいろなことにチャレンジする期間です。ピンときたらすかさず行動し、違うとわかったらさっさとやめればいいだけの話です。

例えば、「人を幸せにできることを仕事にしたい」というXを持っていたとします。ふと、世界幸福度ランキングを目にしたあなたは、上位にランキングされている国にビビッとひらめきました。

あなたは何をしますか。

その国にまつわる本を読む、その国の料理を食べる、その国の映画を見る、その国の芸術や特産品に触れる、大使館に行って情報を収集する、その国の出身者やその国に住んでいた人を探して会ってみるなどなど。すぐにできる小さな一歩はたくさんあります。やっているうちにより興味が深まるかもしれないし、隣国に興味が移るかもしれません。

たとえそのときは無駄に終わったとしても、あなたは「私は自分が思ったことをすぐに行動に移せる人だ」という確信を持つようになり、さらに行動力が増していくはずです。

また、あなたが行動すればするほど、「X」を設定された脳は活性化し、新たな情報を加速度的に取り込みます。そしてさらにビビッとくる情報に敏感になるのです。

「やる・やらない」を決断しないと行動できない

ビビッとひらめいたら、すかさず行動することが、成功へのカギだと説明してきました。もう少し行動について掘り下げていきましょう。

行動には決断力が必要です。しかし、決断力をつけよう、と思うだけでは決断力はつきません。まず、決断のメカニズムを理解しましょう。

私はビジネスマン向けのコーチングを行っていますが、クライアントが女性の場合、高い頻度で恋愛相談になります。

「結婚したい」「DVの彼と別れたい」「不倫関係を解消したい」など、数多くの相談を受けてきました。

相談に対してアドバイスをしても、何も変わらない人がいます。そういう人たちに共通する〝あること〟に気づきました。

それは、「現状を否定しない」という点です。

結婚をせずに独身でいる現状、彼からDVを受けている現状、不倫をしている現状……。口では、「早く結婚したい」「彼と別れたい」「いい相手を探したい」と言いますが、実際のところは現状を受け入れているのです。

結婚をしたいと言っていても「独身も気楽でいい」と思っていたり、DVの彼と別れたいと言う人も「普通のときは誰よりも優しい。そんな彼と別れたくない」と心の奥で思っていたり。不倫も同じです。「不倫といえども、彼も私も真剣。これは純愛なの」。

そう考えているのでは、口で何と言おうと結局何も行動することがないので、現状は変わりません。

つまり、現状を否定する力、「否定力」を持たないと、次のアクションを起こす「決断力」は持てません。決断力の前に否定力が必要なのです。

これは、仕事でも同じです。「独立して会社を起こしたい」と言いながら会社員を続けている人は、本心では「会社員のほうが安定していていい」と思っています。

私は起業塾で講師をすることもありますが、「塾生で実際に起業する人はどれくらいですか？」と事務局に聞くことにしています。すると判で押したように、「５％ぐらいです」と同じ答えが返ってきます。これは起業塾に通っていない一般の人の数字と変わりません。起業塾に通っている人でも、実際に起業する確率は高まらないのです。

起業塾の塾生に「いつ独立する予定ですか」と聞いても明確な答えを返してくる人は稀で、「もっと起業の勉強をしたい」と答える人がほとんどです。つまり、「実際に起業してリスクを負うより勉強のほうが楽しい」と本心では思っているわけです。起業塾のリピート率が高い理由はそこにあります。冷静に考えてみると、「起業塾のリピート率が高い」とは実に滑稽なことです。

実際に起業するための行動をせずに、勉強ばかりしている現実を「おかしい」と否定できないのです。「否定力」の欠如に理由があると私は考えています。

決断に至るには「否定」が不可欠

「否定力」がなければ「決断力」が生まれないというメカニズムは科学でも解明されてきています。

コーネル大学のトーマス・D・シーリー博士はミツバチのコロニー（集団）についての研究から、ミツバチの集団が決断をするときのメカニズムを発見しました。例えば新しい巣への移住を決める際、異なる意見を持つミツバチ同士が互いに相手の行動を打ち消す刺激を出し合って、一つの答えを導いているそうです。

驚くことに、それと同じメカニズムが人の脳内にもあるそうです。脳内の脳細胞群同士でも、意見の打ち消し合いが起こり、最後に一つの脳細胞群だけが残り、それをもって「決断した」ということになるのです。

具体的な例で見てみましょう。図７（１２８ページ）をご覧ください。

あなたがランチにラーメンを食べるか、カレーを食べるかで迷っているとしましょう。脳内には、ラーメンをすすめる脳細胞群Ａと、カレーをすすめる脳細胞群Ｂがあります。それぞれ、ラーメン、カレーを推すのではなく、ＡはＢの活動を抑える「カレーは嫌だ」という信号を出し、ＢはＡの活動を抑える「ラーメンは嫌だ」という信号を出します。

あなたがランチで「ラーメンを食べる」と決断したのであれば、Ａが「カレーを食べたい」というＢの脳細胞群の活動を抑え切った（否定し切った）ということです。相手の脳細胞群の活動を打ち消したほうが勝ち残り、その意見が「決断」となるのです。

このように、**決断のメカニズムは「否定」によって動く**のです。

つまり、あなたが本当に結婚したいと思っているならば、「一人の生活は嫌だ！」ときっぱりと否定しないと、結婚につながるような合コンに行ったり、お見合いをしたりという決断ができません。

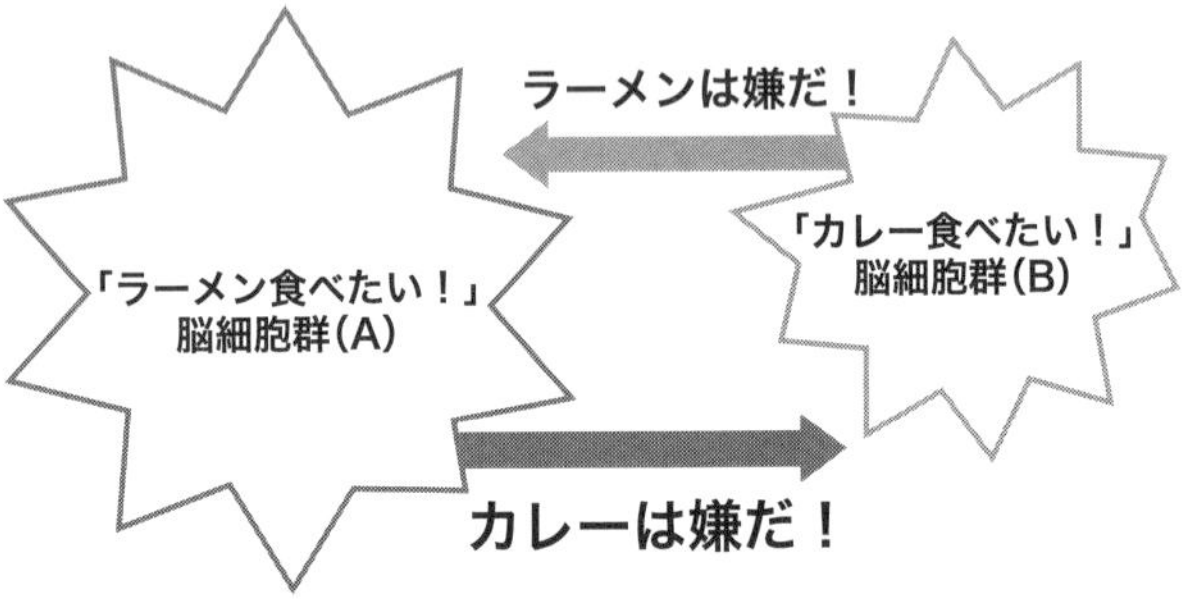

図7 「否定」から「決断」が生まれるメカニズム

ビジネスも同じで、「会社員で終わるのは嫌だ！」などと現状を否定することが、新たなビジネスを始めるなどの行動に結びつくのです。

「私は決断力がない」という前に、まず自分に「否定力」があるかどうかを確認してください。

「現状否定」はするが「自己否定」は不要

強い否定力を持つこと。それが行動を促す決断力につながります。

しかし、注意が必要なことがあります。

「現状を否定することは、自分を否定することではない」ということです。

私がコーチングで、「現状を否定しなければ決断できません」とアドバイスすると、「現状を否定するのが怖い」という人がいます。どうやら、「現状を否定する」ことと、「自分を否定する」ことを混同しているために、そのような反応をするようです。

決断を促す「否定力」とは、「素晴らしい私が、このような現状はおかしい」と考えることです。決して自分自身を否定することではありません。むしろ、自分はとても高い位置においておくのです。

もし結婚したければ、「私のような魅力的な人が、一人でいるのはおかしい」と思ってください。起業したければ「私のようなアイデア溢れる人間が、ずっと会社員でいるのはおかしい」と否定力を使ってください。

魅力的だということや、アイデアが溢れているかということに論拠はいりません。「根拠のない自信」でいいのです。否定はもちろん、疑問も持たないでください。

日本人にとって謙虚は美徳とされてきました。私は日本人のこの価値観もバカシステムの一つだと考えているのですが、何かを褒められても、「いえいえ、私なんてまだまだ」と言う人が多いでしょう。それは社交術としては許容範囲だとしても、心の中まで謙虚になる必要はありません。心の中までいい子でいる必要はないのです。ましてや誰かに文句を言われたり、後ろ指をさされたりするものではありません。「こんな素晴らしい私が◯◯◯だなんてありえない！」、心の中でそう叫んでください。

作家・林真理子さんの著書『野心のすすめ』(講談社現代新書)を読むと、彼女の否定力の強さを感じます。林さんは中学時代いじめにあっていたときも、「この私がこんなにいじめられているなんておかしい」と思っていたと言います。その後も、**自己肯定をした上での現状否定を続け、「有名になりたい」「作家になりたい」「結婚したい」「子どもが欲しい」という願望を次々に叶えてきました。**

私が出会った成功者も、成功するはるか前から、「根拠のない自信」を持ち、常に現状を否定してきました。彼らは、現状を肯定した先に成長がないことを知っているのです。同時に、自分を否定する必要がないということも。

否定力を持ち、現状を変えたいと思っている人にとって、ひらめきを得ることは恵みの雨にも感じられることでしょう。せっかくのひらめきを行動に移さないないことはありえないのです。

自己変革のマトリクスを使って自分の意識を「成長」に向ける

Xメソッドは非常にシンプルで簡単な方法です。しかし、簡単であることは大きな落とし穴ともなり得ます。なぜなら、「簡単なことほど、やらないのも簡単」だからです。**簡単であるにもかかわらず、やらない人が多いから、成功する人が少ないのです。**

Xメソッドでひらめいたら行動する。それを繰り返すことで成功のフレームができますが、それまでは、意識して行動し続けなければなりません。自己肯定しつつ現状否定をすることは行動し続けるためのエンジンとなります。図解を用いて詳しく説明しましょう。

図8に示すのは、私が考案した「自己変革のマトリクス」というものです。横軸は左側が「自分を否定」、右側が「自分を肯定」、縦軸は上が「現状を肯定」、下が「現状を否定」です。

左上のグリッドから説明します。「自分を否定し、現状を肯定」する人は、「私は全

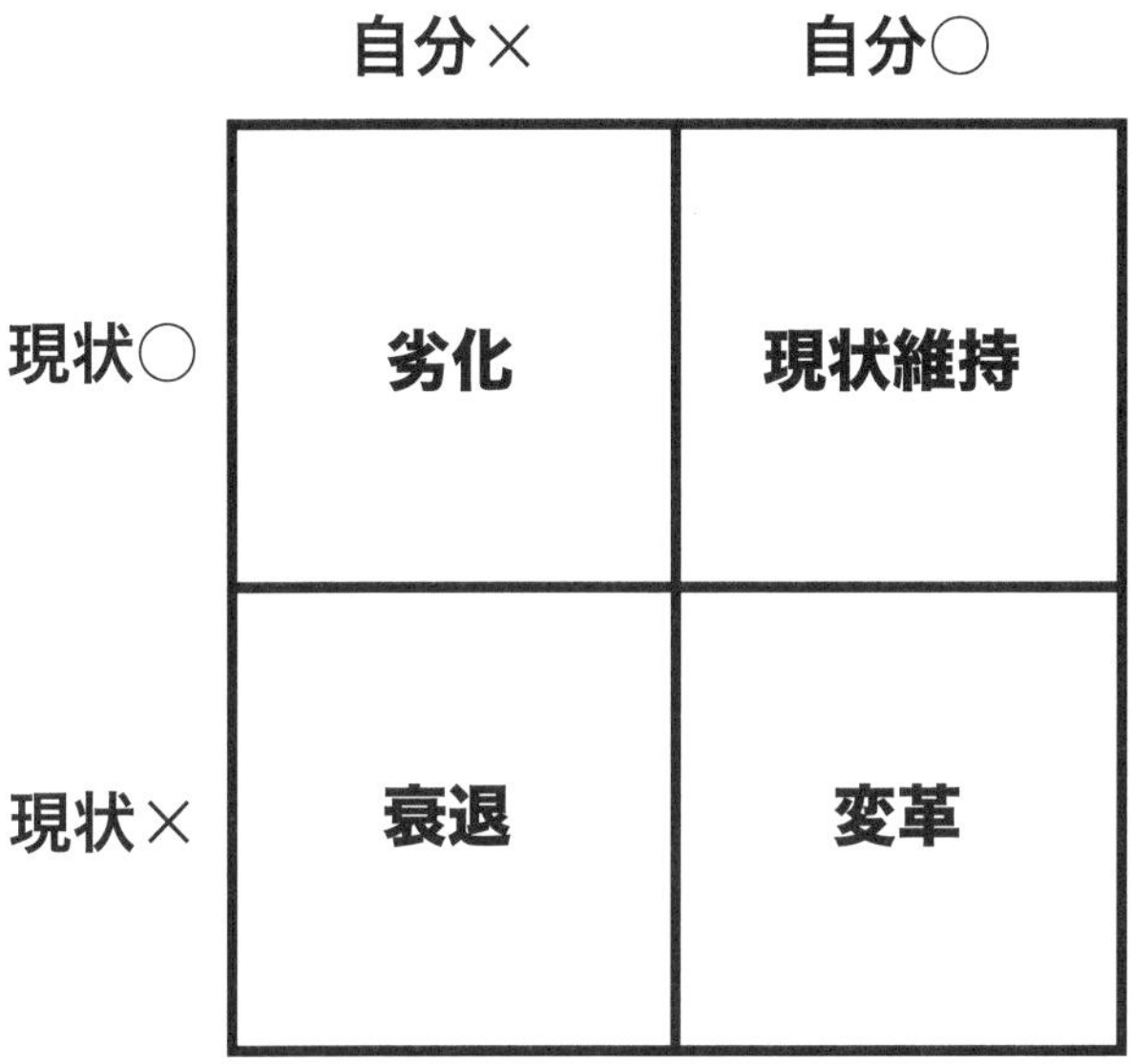

図8　自己変革のマトリクス

然ダメだな。でも、現状はまああだから、いいか」と考える人です。このような人は、自分に対して諦めてしまい、現状を変えようという意志すら持てないので、どんどん劣化していきます。

その下は、「自分を否定し、現状も否定」する人です。「私はダメだ。現状もおかしい」と嘆く人です。自己嫌悪に加えて、現状に対しても前向きに考えられず、負のスパイラルに落ちていきます。

次に右上のグリッドを見てみましょう。「自分を肯定し、現状も肯定」する人は、「私はイケているな。現状にも不満はないし、いい感じ」と充実を感じていることでしょう。このような人は自分を含めて満足している状態にいるので、現状維持に努めます。

さて、最も注目してほしいのが、右下のグリッドです。

「自分を肯定し、現状を否定」するこの人は、「私は素晴らしい（はずだ）。でも、この現状は絶対におかしい。間違っている」と考えます。まさにここに位置する人が、その「否定力」を使って現状を変えていく人です。**自分の可能性を信じ、現状に対する疑問を持つからこそ、現状を変えていく力を得て、決断し、行動できるのです。**

とはいえ、人生は、苦痛や不安、言葉にできないほど理不尽なことがあるのも事実です。「どこで間違えてしまったのだろうか」「あんなことを言わなければよかった」と後悔したり、「どうして自分にはできないのだろうか」「私はつくづく運のない男だ」と能力や運のなさを嘆くときもあるでしょう。

しかし、それらはすべて自分を否定することにつながります。「自己変革のマトリクス」に当てはめると、「劣化」や「衰退」の道を歩んでしまう状態にいることになります。

自分を否定したくなったときにあなたを救う魔法の言葉があります。「それがどうした」です。

自分の可能性を打ち消す言葉が出てきたときは、ぜひ使ってください。

「人間関係がこじれてしまった」
「それがどうした」
「この種のプレゼンは過去に成功したことがない」
「それがどうした」
「過去にないほどの失敗をした」
「それがどうした」

なぜか笑いがこみあげてきませんか。苦笑程度の笑いでも、「そうだよな、なんとかなるさ」と肩の力が抜け、身体が軽くなるのを感じるのではないでしょうか。これがこの言葉の力です。

現状を否定する力を持ち、ひらめきを信じて行動していけば、未来を変えることができます。そのことを忘れないでください。

否定力を身につける「否定プレイ」

自分を思わず否定したくなったときに使う魔法の言葉「それがどうした」に続いて、現状否定力を身につけるための「否定プレイ」を紹介しておきましょう。ゲーム感覚で日常を否定してみるのです。目についたものを何でも否定してみてください。そのときには「自己変革のマトリクス」の右下のグリッド、「自分を肯定し、現状を否定」する人として考えるのがポイントです。

例えばこんな感じです。

朝起きたとき、「あれ？　この部屋は何だ？　私がこんな狭い部屋に住んでいるはずがない。おかしい！」

鏡を見たとき、「なにこの顔！　私ほどの人が、こんな張りのない顔をしているはずがない。おかしい！」

会社に行ったとき、「え？　なぜ私が平社員？　社長にふさわしい私が、こんな席で仕事をしているのはおかしい！」

合コンでうまくいかなかったとき、「うそ！　私ほどの人が誰からも連絡先を聞かれないなんて。絶対おかしい！」

財布を開いたとき、「嘘でしょう？　こんなにお札が少ないなんて。しかも千円札だけなんて、これは夢？　何かおかしなことが起こったに違いない！」

ぜひ楽しみながらやってみてください。そのうちに「自分を肯定し、現状を否定する」という感覚が身についてきます。こうして否定力を高めることにより、自然と決断力も醸成されていきます。

「心構え」と「否定力」を駆使して行動

考えてばかりで前に出られない状況から抜け出す方法がおわかりいただけたでしょうか。行動を起こすには、決断力が必要で、その決断を促すのが否定力です。この仕組みを意識して使い、普段から現状を否定する練習をしましょう。繰り返しになりますが、現状を認めた先に変革はありません。

注意したいのは、**たとえ行動をしたとしても、以前と心構えが変わらなければ同じところをぐるぐる回るだけということです。**

「ビヨンド思考」でヘキサツールの「心構え」を〝常に今の状況を超えた状態にセット〟することで脳が活性化し、そこに「行動」が加わることで、さらに「心構え」がより活発に、より強固なものに変化していきます。「心構え」と「行動」は両輪です。二つが上手に動き始めれば、次第にスピードアップしていきますが、どちらか一つしか動かなければ、その場をぐるぐる回るだけで終わってしまいます。

この章では、Ｘメソッドでひらめいたら、行動に移すことが大切だという話をしてきました。次の章では、繰り返すことの重要さについてお話ししていきます。

第4章・まとめ

■Xメソッドにより、脳が自動的に情報をピックアップ＝ひらめくようになる。

■ひらめいたら即行動。

■行動は現状を否定することから始まる。このとき「自己否定」はしない。

■「ビヨンド思考」を利用して、心構えを常に今の状態を超えたものにセットする。この心構えを持って行動をする。

第5章

行動は１％ずつで構わない

行動することで人は変わる

Xメソッドにより方向性が浮き彫りになると、それに合わせた情報をキャッチするための網が脳にできます。脳はその網にかかった情報をひらめきとして私たちに意識させます。ひらめきを感じたらすぐに行動する。それがここまでにお伝えしてきたことです。

前章では、行動できない理由も掘り下げて説明しました。この章では、行動し続けることの大切さと、最終的に訪れる「成功の分岐点」についてお話しします。

行動することがなぜ大切なのか、改めて心理学の面から説明しましょう。

人間の行動原理を見事に解明した臨床心理学者、ジョージ・ウェインバーグの「自己創造の原則」をご存知でしょうか。彼は、セラピストの経験から、心と行動の原理を次のように表現しました。

行動を起こすと、その動機を強めることになる。

人は何か動機があって行動します。例えば、あなたは後輩がきちんとプレゼンできるか心配だから、前夜遅くまで特訓しました。動機は「後輩のプレゼンが心配」で、行動は「特訓する」です。しかし、特訓することで余計に動機である不安が増すのです。

会議の場面ではどうでしょうか。議長が参加者に向けてこう言いました。「他の案がある人は？」。あなたは一つのアイデアを思いつきましたが、あまり自信がなかったので、議長に当てられないように顔を伏せ、メモを取るふりをしました。

あなたの動機は「自信がない」、行動は「顔を伏せ、メモを取るふりをする」です。ジョージ・ウェインバーグの説で言うと、この行動であなたはますます自信を失うことになります。

これは非常に恐ろしいことです。「アイデアが浮かんだのに手を挙げない」というのは、行動をしなかったことと捉えがちですが、**「手を挙げない」という行動をとったことで、自信がないから当てられたくないという動機を強めることになるのです。**

「ひらめいたから行動するべきだとわかっているけれど、どうしていいかわからないから行動できない」という人は、どうしていいかわからないという動機をどんどん強めてしまっています。逆に、ひらめきに従って次々行動すると、「私は自分が思ったことをすぐに行動に移せる人だ」という確信を持つようになるのです。

大学を中退、上京で大きく変わった

私がウェインバーグの「自己創造の原則」に出合ったのは大学生のときでした。学者になる夢を持って大学に進学したのですが、やがて漠然とその道は自分が進む道ではないと思うようになりました。毎日のように悩みながらも、どうしていいのかもわからず、鬱々と過ごしていました。

そんなとき、たまたま小さな書店で彼の本を手に取り、大きな衝撃を受けました。私が悩んでいるばかりで、なぜ抜本的な解決をできないでいるのか。それは行動していないからだと一瞬でわかったからです。

当時の私は、いわゆる自己啓発書にはまっていて、「心が変われば行動が変わる」という説を信じ、心を積極的にすれば問題を解決できると思い込んでいました。今であれば「心が変われば行動が変わる」という説を信じるのはバカシステムにはまっていることだとわかりますが、当時は気づくことができませんでした。一生懸命に心を積極的にしても、元の悩むだけの自分に戻り、出口が見えなくなっていたのです。

そんなとき、この「自己創造の原則」は、私に「心ではなく、行動が変わっていないのだ」ということを気づかせてくれました。

それまでの私は、**心を変えようとしても行動が変わらなかったために、思い悩む心ばかりが強化されていました。**その結果、ずっと同じような状況にとどまっていたのです。「自己創造の原則」に出合った後の私は、心よりも行動を変えることを意識するようになり、少しずつ現状を変えるための行動を積み重ねていきました。

そしてついに私は大学をやめることを決めました。退学届けを出す。この行動によって、私の心に大きな変化が起こり、九州を出て東京に行く決心ができたのです。その後はそれまでとは全く異なる人生となりました。

「考えて答えが出ないなら、行動して答えを探そう」という思考に変化したのです。

あのとき、「心が変われば行動が変わる」とそのまま信じていたら、私は今でも九州のどこかでくすぶって、相変わらず悩んでいたことでしょう。

行動を変え、心が変わると思考のフレームも変わる

4章で、ひらめきはノイズのように現れるという話をしました。チラッとひらめくものの、すぐに消えてしまいます。大学生のころの私の心にも、時折「退学して別の道へ進もうよ」というひらめきがノイズのように浮かんでいたのですが、私のパターン化された思考がそれを打ち消していました。しかし、その気まぐれのように浮かんでいたこのひらめきをつかみ、行動に移した瞬間から、そのひらめきは私の心の中心に移動し、その後の行動の原動力になっていったのです。

行動の発火点となるのは、心の中に浮かんでは消えてしまうひらめきです。繰り返

しになりますが、「行動を変える」というのは、一瞬で消えてしまうこの「ひらめき」をつかみ、それを実行することです。

心を変えるというのは、これまで身につけてきた自分の思考のフレームを変えることにほかなりません。しかし、思考だけを扱っていたのでは容易ではありません。**Xメソッドにより得た「ひらめき」をきっかけに、行動を起こし、その行動にふさわしい思考をする新たなフレームの持ち主へと自分を更新していくのです。**

行動には、難攻不落のフレームを変えてしまうほどのエネルギーがあります。1回の行動で劇的に変わることもあれば、時間をかけて変わることもあります。

行動は1％でいい

1回の行動で劇的にフレームが変わるには、いわば清水の舞台から飛び降りるような大胆な決断が伴います。大学時代の私が、中退して東京に出てくるという行動がこれにあたります。それだけで劇的にフレームを変える方法ですが、誰もが頻繁にできるわけではありません。

そのため、時間をかけて変わる「1%アクション」をすすめています。これは、未来を大きく変えるわずかな行動を指しています。拙著『100の結果を引き寄せる1%アクション』にも詳しく説明していますが、改めて解説しましょう。

「1%アクション」とは、毎日少しずつでもよいので、これまでと違った行動をする方法です。これにより、昨日より今日、あなたは1%成長したとします。それが365日続けば、最初の日からどれだけ成長すると思いますか。実に37倍にもなるのです。仮に3日で1%成長したとしても、1年後には約3倍です。大きな変化です。

もちろん、現実には計算通りに成長するわけではありませんが、大きな変化をもたらすことは事実です。場合によっては100倍の変化だってありえます。

Xメソッドにより、海外移住というひらめきが浮かんだとします。すでに海外で暮らした経験があり、その国で生活していくのに必要な仕事やネットワークを持っているのならば問題ありませんが、いきなり行くのは無謀です。そこで多くの人は夢物語としてひらめきを捨ててしまいます。

１％アクションで考えると、どの国がいいか調べることから始めます。調べる方法もさまざまです。人に聞くのもいいし、数日間滞在するのも調査の一つです。ひらめきに従って行動すると、また別のひらめきが現れるものです。別のひらめきをキャッチして行動する。それを繰り返していくのです。

私の知り合いのある女性は、映像プロデューサーとしてバリバリ働いていました。しかし、自分の仕事が人の役に立っていないのではないかというモヤモヤとした思いを抱えていました。そんなとき、ふと家庭菜園をやってみようというひらめきが浮かんだそうです。彼女はひらめきに従って家庭菜園を始めました。最初はプランターでの野菜づくりから。これが１％アクションです。

するとそれが楽しくてしょうがなくなっていきました。彼女は、口に入るものだから有機農法はどうだろうかと再びひらめき、働きながら有機農法の学校に通うようになりました。ますますのめり込んだ彼女は、SNSを通じて「映像プロデューサーの仕事はリタイアする」と宣言しました。いわゆるバリキャリ、死ぬまで働いていたいと言うような人でしたし、すでに映像プロデューサーとして確固たる地位を築いていましたから、周りは大いに驚かされました。しかし、彼女は「私は農業がこんなに楽しいのに、仕事の意味を見出せない映像プロデューサーをやっているなんておかしい」と現状否定力を発揮したのです。

するとと、彼女の知人が20坪ほどの農地を無料で貸してあげよう、と申し出てくれました。モヤモヤしていたころの彼女にとっては想像できない未来です。これにより彼女は仕事を辞め、本格的に野菜づくりを始めました。今では養蜂業も始めています。自分が育てた野菜を誰かに食べてもらうとき、彼女は充実感と幸福を感じるそうです。彼女は現在、非常に生き生きと暮らしています。

想像できない出来事の前にやってくる障害

ここまで、ひらめきと1％アクションの連続は、これまで身につけていた自分の思考のフレームを変えることにつながり、成功への道が拓けるという話をしてきました。しかし、46ページの図３で示したように、成功の前には「成功への分岐点」と私が呼ぶブランクがあります。この成功への分岐点を説明します。

図９（１５２ページ）を見ながら成功に至る過程をおさらいしましょう。

まず、「全部嘘法」「1対Nの思考」「メタ思考」「言葉の定義の転換」という４つの方法を使って「バカシステム」を抜け出すと、新しい「精神のワールド」が見えてきます。そこで、「ヘキサツール」を使って「X」を設定し、方向性を明らかにします。そこからこのグラフは始まります。方向性が明らかになると、普段触れる情報の中から、「X」の方向性に合った情報だけを脳が自動的にピックアップします。これが「X

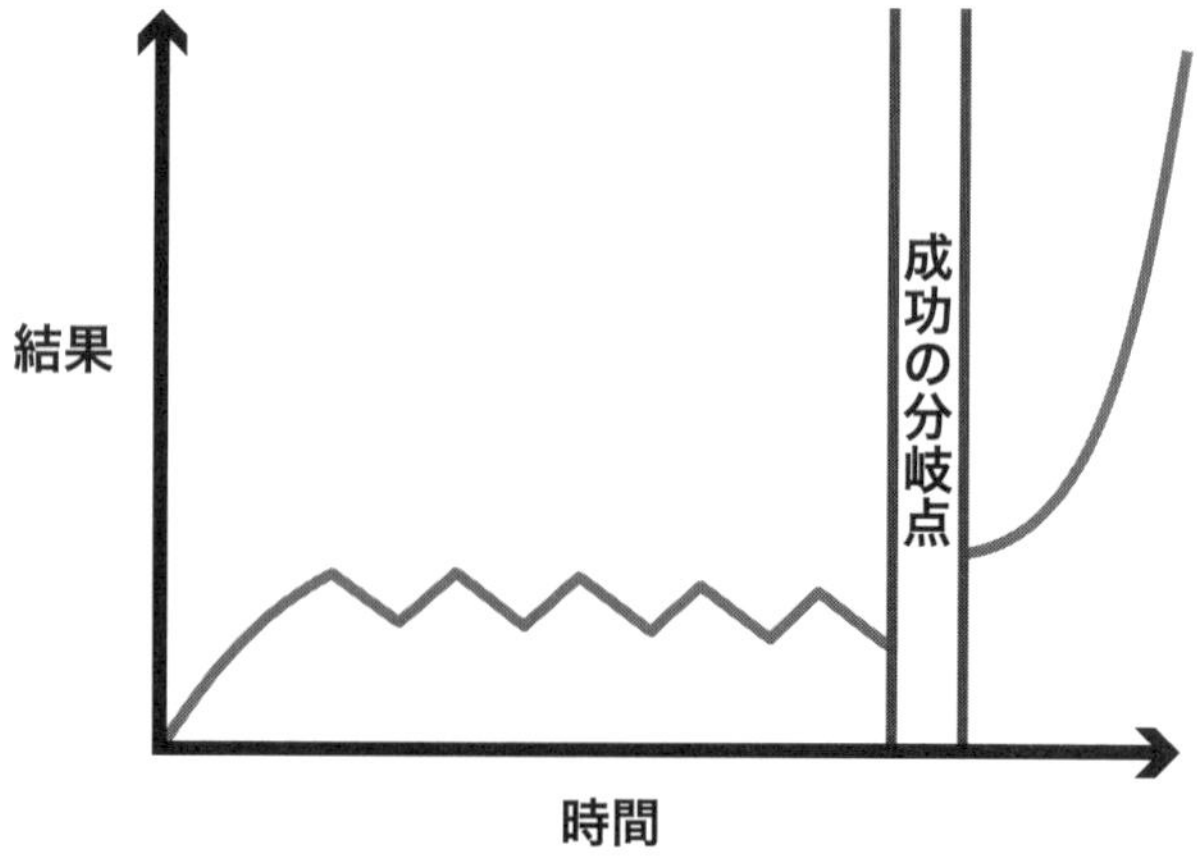

図９　成功者が成功へと至る道筋のイメージ
（図３を再掲）

メソッド」です。ノイズのような一瞬のひらめきが、「X」を具体的なものにする方法なのです。

ただし、すべてのひらめきがうまくいくとは限りません。**ひらめいたらためらわずに行動する。うまくいかなかったらやめて次のひらめきにトライする。**これを繰り返していきます。それが図の中のジグザグの期間です。

このジグザグの期間をどれくらい続ければ結果として出るのか、それは人によって異なります。しかし、「1%アクション」を続けていく限り、あなたは必ず成長を続け、いずれ想像を超えた成果を得ることができます。ひとたび成功の急上昇が起こり始めると、それまでの苦労が嘘のように何もかもがうまく回り始め、難しかったことも簡単になり、人もお金も引き寄せることができるようになります。

ただ、そのような劇的な変化が訪れる前に、必ず「成功の分岐点」を越えなければなりません。この「成功の分岐点」では二つの苦しいことを経験しなければなりません。

一つは「想像もしない失敗」、もう一つは「しびれを切らす」です。

「想像もしない失敗」は飛躍のためのテスト

新しい精神のワールドを手に入れ、ひらめきと行動を繰り返してきたあなたは、どこかの時点で想定外の問題に見舞われるでしょう。まさに「想像もしない失敗」です。それは、お金の問題かもしれませんし、人の問題かもしれません。これまでとはまさに次元の違う問題が発生します。

そのときはこう考えてください。

「いよいよ私にもきた！　これが飛躍のためのテストだな。なぜなら私に解決できない問題は起こらないのだから」

実際にそうなのです。この問題を解決しやすくするコツをお伝えしましょう。まず、それまでに小さな失敗を何度も重ねておきましょう。そして、失敗は乗り越えられるというフレームをしっかりと作っておくのです。

そして、「自分よりはるかに悪い状況を解決した人から学ぶこと」です。

あなたに起こる想像もしない失敗は、あなたにとっては「この世で最悪の出来事」と感じられるかもしれません。もう再起できないのではないか、とも思うでしょう。しかし、**冷静に周りを見渡せば、あなたよりもはるかに悪い状況から脱した人が必ずいます。**あなたが目指す「精神のワールド」にいる人にアドバイスを求めるのもよいでしょう。

そして、「もし、この問題を解決した未来の自分から見たら、今この状況はどう見えるだろうか」と視点を変えてみてください。ビヨンド思考をここでも発揮しましょう。すると、解決の糸口が見えてくるはずです。諦めず、冷静に対応することで、その後の急上昇につながるヒントをきっとつかむことができます。

「しびれを切らす」も大きな障害に

成功の分岐点で出合うもう一つの課題。それが「しびれを切らす」です。なかなか成果が出ないために、もうやめようと考えてしまう瞬間があります。もちろん、どうにもならないものならばさっさと見切りをつけてしまうのがベストの選択でしょう。しかし、このような状態はたいてい、あともう少しやればうまくいったのに、というケースなのです。

今まで出合ったことがない「想像もしない失敗」と比べたら、大したことがないように思うかもしれません。しかし、「ピンチのほうが、アドレナリンが出て踏ん張る力が湧いてくる」というタイプの人には、ダラダラと同じような状況が続くのは想像以上に耐え難いものです。

そんなときこそ、1％アクションです。「あと一歩進んでみよう」「別のやり方でやってみよう」「専門家の意見を聞いて改善しよう」など、**あと1%をプラスした努力と、1%の工夫で飛躍のきっかけをつかむことがあります。**たったそれだけのことを怠ったただけで、これまでの蓄積がゼロになってしまうのは残念だと思いませんか。

私のクライアントであるB社は、ある特殊な技術を長年にわたり磨き上げてきました。その分野では世界で右に出るものはないという技術を持ちながらも、ライバル企業に大きく差をあけられ、売り上げもずっと横ばいでした。経営者は「さすがにしんどい」と打ち明けていました。

そこで私は「個人向けの商品を開発し、ネットで販売してはどうか」と提案しました。これまで企業向けだった商品を個人向けにし、しかもアニメのキャラクターを使って販売したところ、試みは大成功。会社は一気に売り上げを伸ばしました。たった一つのアイデアと、一歩の頑張りがそれまでの努力に花を咲かせ、大きな飛躍をもたらしたのです。

あなたにも、あと一歩先に想像もしない飛躍が待っているかもしれません。

それは、たった一つのアイデアかもしれませんし、たった一人との出会いかもしれません。そのひと押しをするかどうかで、あなたの未来は全く違うものになるのです。

私自身、1%だけ前に進むことの重要性を強烈に感じた出来事があります。

2011年3月11日。東日本大震災が起きたとき、私は東京の有明にいました。駅が封鎖され、帰宅難民となった人が数千人発生していました。日が暮れるにつれ、震えるほどの寒さのために、暖を求めて歩く人が大勢いました。しかし、ほとんどの建物が入ることもできず、建物の隙間に、どこかで見つけた段ボールを敷いて休んでいる人がそこらじゅうにいました。

私は「あともう少し行ってみよう」と諦めずに歩き続け、ようやく一つのビジネスホテルを見つけました。中に入ってみると、ロビーに数え切れない人が座り込んでおり、ホテルの従業員が一人一人にタオルを配っていました。タオルを受け取った人は、それを床に敷いて横になっていました。しかし、ロビーは暖房が効いておらず、タオル一枚だけでは暖を取ることもできません。ホテルの客室は当然満室で、誰も部屋に入れる状況ではありませんでした。

　私も夜通し歩いて疲れていたので、諦めてロビーの空いている床の上に座ろうかと思いましたが、「まだ、もう少しだけ先に行ってみよう」と考え、ホテルの３階に上がってみました。そこには大きな会議室があると、ロビーの壁の案内図にあったからです。３階に行ってみると、ちょうど従業員が会議室のドアを開放するところで、その中に私は運よく入ることができました。そこは暖房が効いており、ふかふかの椅子が多くあったため、並べてベッドにすることができました。凍てつく夜道をさまよっていたときには想像もできない天国でした。

　会議室の窓から遠くを見ると、私がさっきまでさまよっていた建物が見えました。その周辺には凍えそうに身を縮めて、段ボールの上で横になっている人が見えます。そして、ホテルのロビーでも、冷たい床の上に座り込んでいる人たちがいます。彼らは「あともう少し先に行こう」と考えず諦めてしまったのです。私はこのときほど、「あと一歩」の僅かな行動の違いを感じたことはありません。ちなみに、私が会議室に入れた後は、できるだけ多くの人に、その会議室の存在を伝えて回りました。それは、一歩先に行った者の責任だからです。

成功している人は、「あと少し」の前進を繰り返しています。チャレンジした数が〝パンパない〟ほど多いのです。チャレンジの多くが無駄に終わったとしても、最後の幸運な出来事に出合うまで、飽きずにチャレンジを繰り返しています。続ければ確率的に幸運に出合う可能性が高くなることを知っているからです。

自動車のみならず、小型航空機の分野でも世界一となり、今なおチャレンジ精神が社是となっているＨＯＮＤＡ（本田技研工業株式会社）の創業者・本田宗一郎氏は、自身が成功した理由を次のように語っています。

「私がやった仕事で本当に成功したものは、全体のわずか1%に過ぎない。99%は失敗の連続だった。私の成功は、99%の失敗が土台作りをしているのだ」

「想像もしない失敗」と「しびれを切らす」、この二つの出来事も、Ｘメソッドで得た心構えと1％の努力を重ねることで乗り越えることができます。以前ならば「自分にはできない」と思っていたことで、想像できない成功を手にすることができるでしょう。成功への分岐点において助けとなるヒントは他にもあります、次に紹介していきましょう。

キーパーソンがもたらす運

成功に関しては、「運」を重要な要素と考える人も多いでしょう。

運について、世の中には、確率論を持ち出したり、運の総量は決まっていて使い切ったら運がなくなると言う人もいたりします。いずれも真実らしい印象を与えますが、真実かどうかはわかりません。

私は、運とは、キーパーソンとの出会いによって運ばれてくるものと考えています。さきほど登場した映像プロデューサーの女性の場合も、農地を貸してくれるという知り合いがいたから、それまでの映像プロデューサーという仕事を辞めて農業に集中することができました。

つまり、**運とは、人との出会いで変化するものなのです。運を変えたければ行動を変え、付き合う人を変えればいい**のです。

成功者の話の中にも運の話が出てきます。「私は運がよかったから成功できた」というものです。「運がよい」というのはどういうことか、深く話を聞くと、必ずキーパーソンとの出会いにたどり着きます。彼らはキーパーソンと出会うことで、絶好の機会を得たり、非常に重要な情報に気づいたり、重要な人物を紹介してもらったりして、大きく運が開けていくのです。これにはほぼ例外がありません。

しかし、よく考えれば当たり前のことです。私たちが暮らす社会は人間によって成り立っているのですから、さまざまなものが人を介して伝わっていきます。人との出会いに注力することは必要なことです。

とはいえ、ただやみくもに人間関係を広げればいいというわけではありません。2章で説明したように、あなたは現在、あなたの世界の解釈に合った人、つまりあなたの価値観に合った人とつながっています。同じ価値観を持った人の中でいくら人間関係を広げたとしても、あなたに何の変化も与えることはありません。

あなたが運を変えたいと思うならば、別の精神のワールドにいる人とつながることが必要です。別の精神のワールドの人と会い、その人の物事の捉え方に触れるのはかけがえのない経験です。私の例で紹介しましょう。


私はこれまで数多くの上場企業の創業者に会い、インタビューを行ってきました。はじめは理解できないことばかりでした。

例えば、「お金がないから起業できないという声をよく聞きます。そういう人に向けてアドバイスをお願いします」と質問すると、「言っている意味がわからん。金がないなら、あるやつに出してもらえばいいだろう」と言われました。

「どんな仕事で起業すればいいかわからない人はどうしたらよいのでしょうか」という質問には、「何でもやればいいじゃないか。ラーメン屋でもちり紙交換でも。自分の理想の仕事を選ぼうと考えるのがそもそもの間違い。経営者は商売人だ。その自覚がないからそんなことを言うのだ」と諭されました。

こうした創業者とのやりとりから、いかに自分が、自分のフレームで世界を解釈していたかを思い知りました。同時に、私は自分を縛っていたバカシステムから抜け出すビヨンド思考が形成されていきました。

自分と異なる精神のワールドにいる人と接することで、その精神のワールドにふさわしい新たな価値観を得ることができたのです。最初はもちろん驚きました。しかし、新たな精神のワールドに慣れていくと、そのワールドにふさわしい価値観がしっくりくるようになるのです。その後のことは、すでに説明した通りです。同じ思考をし、同じ行動をする人には、同じことが起きるのです。

運を変えたいと思うならば、今の自分とは異なる精神のワールドにいる人と縁を作ることです。

あなたが何かを実現したいと考えているならば、すでにそれを実現した人に会って、直接話をすることです。そうすることで、あなたがこれまで不可能だと思っていたことが自然に「できるかもしれない」という感覚に変化し、それが行動の原動力にもなるのです。

成功への分岐点で復活不可能と思えるような不運や失敗に遭遇したときも、人との出会いで乗り切ってください。乗り越えるためのヒントを得たり、うまくすれば一足飛びに成功へとつながる運気の変わり目となるかもしれません。

インポシブルエリアに成功のヒント

成功への分岐点に対するヒントの二つ目は、人の得手不得手と関連する、インポシブルエリアについてのお話です。

人には得手不得手があるものです。それは心にあるフレームが影響していることが少なくありません。

例えば、多くの人にとって難しいと考えられがちなパソコンの自作ですが、私は簡単に作ることができます。かつて、パソコンを普通に自作している人と出会い、その楽しさとともに組み立ての手順などを伝授してもらったからです。パーツを吟味し、部品を購入して家で組み立てることができるので、デスクトップパソコンはもう15年

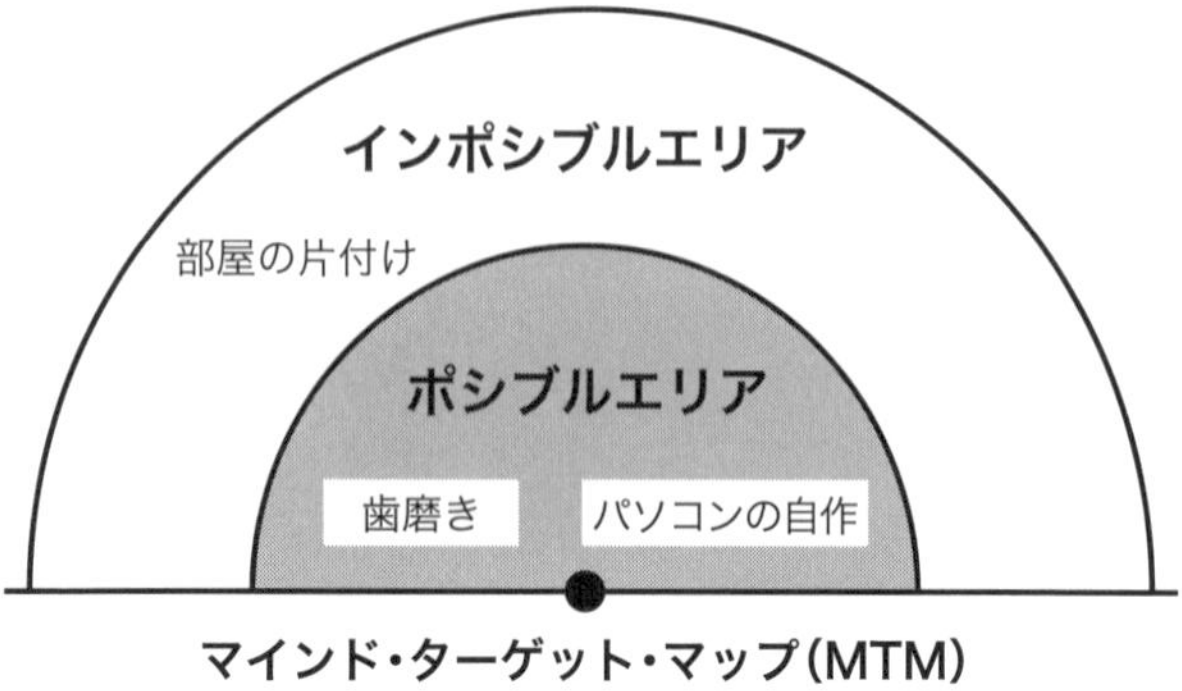

図10　心の距離感を表すマインド・ターゲット・マップ（MTM）

以上も既製品を買ったことがありません。

こうした一人ひとりが考える「実現可能性」を心の距離として見える化したのが「マインド・ターゲット・マップ（MTM）」という指標です。

図10を見てください。半円の中心の黒丸が、心の中心です。黒丸から遠ざかれば遠ざかるほど心の距離が遠いということになります。すぐに実現可能な「ポシブルエリア」は心の中心に近く、逆に実現できそうもない「インポシブルエリア」は心の中心から遠いということです。

私にとって、歯磨きはとても簡単で、すぐに実現できるのでポシブルエリアにあります。パソコンの自作はインポシブルエリアに置く人が多いでしょうが、私は実現の可能性を完全に理解しているため、歯磨きと同じレベルにあります。

一方で、部屋の片付けはとても苦手です。かなりの気合を入れて臨む必要があるので、インポシブルエリアに位置しています。

さて、このインポシブルエリアに、あなたの成功のヒントが隠されています。繰り返し述べてきたように、私が出会った成功者のほとんどが、最初は想像もしていなかったことで成功しています。彼らは、新しいチャレンジや新しい出会いを繰り返していくうちに、自分では気づいていなかった「できる」ことを発見し、そこで成長のブーストがかかっていったのです。

件《くだん》の元映像プロデューサーの女性も、農業をやろうというひらめきはあったものの、農業は彼女のインポシブルエリアに位置していたことでしょう。

つまり、**できないと思っているものの中には、本当にできないものと、やったことがないだけでできないと思い込んでいるものがあるのです。**「自分にはできないに違いない」という強烈なフレームが作動しているものの中に、成功の種が眠っているのです。

今のあなたが理解している〝あなた〟は、あなたのごくごく一部に過ぎません。まだあなたはあなたの可能性を掘り起こしていないのです。

成功の分岐点でなかなか結果が出ず、しびれを切らしそうになっているのであれば、少し方向を変えて、あえてインポシブルエリアで打開を図っていく方法があります。できないと思っているものの中にこそ、成功に近づくボトルネックがあるはずです。そこに1％アクションでアプローチしていきましょう。

インポシブルエリアに果敢に挑戦

インポシブルエリアへの挑戦について、私の体験を例に説明しましょう。

20代の前半まで、私は人と話をするのが不得意でした。ＭＴＭでいえば、人と話すことはインポシブルエリアにありました。どれぐらい不得意かというと、20歳になるまで電話にも出たことがないぐらいでした。それほど他人と話をするのが嫌だったのです。

そんな状態では社会に適合できないと思った私は、無謀にも営業会社に入り、フルコミッションの営業をスタートさせました。フルコミッションなので、契約が取れれば報酬がありますが、契約が取れなければ収入はありません。非常に厳しい世界です。今振り返っても無謀だったと思いますが、それによって私の運命は変わりました。

所属した会社には営業成績全国1位の営業マンがいて、彼にどのような話し方をすればいいのかを一から教えてもらいました。しかし話し方を教わるだけでは話せるようにはなりません。自宅で鏡に映った自分に何度も話しかけて練習したのです。まさに「1％アクション」を続けたのです。

その結果、少しずつ話ができるようになり、電話にも出られるようになりました。そのうち、電話でもつまらずに話せるようになり、対面営業でも堂々と話せるようになっていったのです。

ある日、お客さんから「あなたは声がいいね。とてもわかりやすい」と言われました。話し方を褒められたのは生まれて初めての経験でした。それを機に、私は急速に自信をつけていきました。今では１０００名を超える人の前でも平気で話ができるようになりましたし、講演のプロとして、コーチングやコンサルタントとしても稼げるようにもなりました。

営業マンとして駆け出しのころ、もし**「明日から完璧に話すぞ」と意気込んでいたらすぐに挫折していたでしょう。1％アクションで日々努力し、一歩ずつ進んでいったことが評価につながり、自信にもつながったのです。**

自分が「できない」と思っていることに一夜漬けは効きません。１％ずつ行動を重ねていき、「できる」自分を発見してください。

「出会いたい人」リストでインポシブルエリアに革命を

インポシブルエリアに注目することは、運をもたらすキーパーソンをも浮き彫りにします。

私はかつてインポシブルエリアにあった「話すこと」をポシブルエリアに移動させることができましたが、そのスタートは、成績トップの営業マンに話し方を教わったことでした。このように、自分ができないことは、すでに実現している人と直接話をして知り合いになること、その人の精神のワールドを理解することが早道だということはすでにお話ししました。

しかし、そうした人は雲の上の存在に感じるかもしれません。会うチャンスなんてあるのだろうか、と心配になる人も多いでしょう。しかし、「出会いたい人リスト」が可能にしてくれます

やり方は簡単です。**「今のあなたの現状を変えてしまうような考えを持っていると思われる人」をリストアップして、その人たちに直接会うことを行動目標とするのです。**

ヘキサツールを思い出してください。ヘキサツールでは「心構え」のヘキサに、「X」を達成するのはどのような心理状態なのかを記入しました。この心構えを持っているであろう人をリストアップしましょう。

さらに、出会いを促進する強力な方法があります。それは「スイングバイ」という方法です。スイングバイとはそもそも惑星探査機がスピードを加速するために惑星の

引力を利用する方法のことを言います。遠心力を利用して遠くに投げる、円盤投げをイメージしてもらうとわかりやすいでしょう。人脈を広げるときにも、このスイングバイを利用します。

どういうことかというと、あなたが「あなたの精神のワールドを超える人」と出会えたとしましょう。その人と知り合いであることを活かすのです。「○○さんと知り合いです」ということを背景にすると、その人と同じ精神のワールドにいる人と次々と出会うことができるようになるのです。

ここで注意をお伝えしましょう。ただ知り合っただけで「○○さんと知り合いです」と言って近づけば、それは詐欺師とあまり変わらない態度となります。私が言いたいことはそれとは異なります。その人と仕事をするなりして、あなたが信用を得ていることが大前提なのです。まず相手の利益になる行動をして結果を出した後、知り合いであることをアピールしてください。常にウィンウィンの関係でなくてはなりません。

人の世は広いようで狭いものです。「知り合いを６人たどると、世界中のすべての人とつながる」という説は、イェール大学の大規模な実験などで実証されています。日本国内に限れば、4人たどれば日本中の1億人とつながるともいわれています。

現段階ではどうすれば会えるか想像もできない人とも、必ず会うことができます。

「会えない人はいない」という意識に変わると、急速に人生の可能性は拡大していきます。ちなみに私の知人の知人はアメリカ合衆国の大統領、トランプ氏です。

人との出会いによって、思考は大きく変化します。そして、あなたの「運命」を変えることにもなるのです。

アップルの創業者スティーブ・ジョブズは、成功に必要なことをConnecting The Dotsとして表現しました。「点と点をつなぐ」という意味です。ジョブズは、自身の成功を振り返って、そのときにはどんな意味かわからないようないくつもの体験が、後に点と点がつながっていき、まるで最初からそのようにプログラムされていたかのように意味がつながり、それが運命となり私を成功へと押し上げたと述懐しています。

あなたが1％アクションで出会ってきた人たちが、相乗効果を生み出し、点と点がつながって想像もしなかった現実を起こすのです。

成功の分岐点にあるブランクは、まさにこのConnecting The Dotsが起こる時間帯です。それを待ちきれず、想像もしない失敗で後退してしまうと、Connecting The Dotsの化学反応も起こらず、想像もしなかった現実も訪れません。

あなたの次なる現実は、本当にあと僅か、あと一歩、あともう少しの忍耐の先にあるかもしれないのです。

あなたにとって成功とは

これまで、Xメソッドにより方向性を明らかにし、脳にひらめきを起こさせ、行動を繰り返すことで成功へと近づいていくという話をしてきました。

最後に、私にとっての成功とは何か、お話ししたいと思います。

２章で言葉の定義を転換する、という話をしました。これはバカシステムから脱して、新たな精神のワールドに行くための方法でした。２章では、身近な例で示しましたが、「成功」という言葉に対しても、これまでとは違う、あなたならではの定義を持ってほしいのです。

ちなみに、私の成功の定義はこれです。

「どんなときも、心からやりたいと思っていることをやっていて、自分の可能性を常に発見している状態」

この定義には、年収や所有物の価値、住んでいる家の豪華さといった物理的な要素はありません。非常に抽象的でメンタルを重視した定義です。この定義に込めた意味をご紹介します。

まず、成功の視点として、「今」を重視しています。過去がどうであれ、やりたいことを今自由にやれているという実感。そして、自分にはまだまだ可能性があると信じられる気持ちを持てるかどうか。つまり、「今、どのような精神状態にあるのか」ということを大切にしています。

ビジネスで成功して大金持ちになっても、その後事業が傾き、財産のすべてを失う人もいます。事業が好調のときには、いつ会っても元気で明るく前向きだったのに、事業が傾き始めてからは怒りっぽく悲観的になっていく。口を開けば、「あのころはよかった」「俺は失敗者だ」と愚痴ばかり。

その一方で、全く変わらず前向きの人もいます。事業に成功したもののバブルの崩壊で会社も財産も失った知人がいます。個人債務だけで20億円という負債を抱えていたので自暴自棄になってもおかしくはありません。しかし、彼はいつ会っても以前と変わらず、新しいことに挑戦する意欲を失わない。そんな姿に感服しました。

「借金が俺を殺すことはないからね。借用書が飛んできて首に巻き付いて殺すのか？そんなこと、いまだかつて見たことないだろう。なぜ借金くらいで落ち込まなければいけないんだ？」

と平気な顔をしていました。彼はほどなく新しい事業を立ち上げ、以前と同じように一財産を築きました。

人は誰もが「今」を生きているのです。生まれてから死ぬまで、いつも「今」しかなく、過去が「今」にとって代わることはありません。長い人生には失敗もあれば成功もある。**どんなときも、「今の精神状態がどうであるか」があなたの人生のすべてなのではないでしょうか。**

私の成功の定義には、他人との比較もありません。

現在、世にはびこっている成功ノウハウなるものの多くが、「年収1億円」とか、「拠点を海外に移してセレブな生活」のような、〝他人から羨ましがられるようなステータス〟、つまりは、他者との比較で判断されるゴールに焦点を当てています。読み手にとっては想像しやすくわかりやすいのかもしれませんが、本人が本当にそれを心から望んでいるのかを基準にしているわけではありません。

こうした「成功ノウハウ」というバカシステムにとらわれてしまうと、そもそも自分が何を望んでいるのかさえ、考えなくなります。年収1億円になったところで人生は終わりではありません。本当に自分が望むものでなければ、得たところで幸福感は得られないのではないでしょうか。

本書の冒頭で、死を目前にした話をしました。今振り返れば、あのときの私はバカシステムにとらわれ、惑わされ、自分が心から満足できる成功とは何か、自分の頭で考えることができていなかったのだと思います。

バカシステムにとらわれないということは、**誰かが作った価値基準や常識に踊らされないということです。心から満足できる、本当の意味でのあなたの成功を手に入れることを意味します。**ぜひ、本書で得た気づき、ノウハウを存分に活用して、想像をはるかに超える成功を手にしてください。

第5章・まとめ

■心に浮かんだひらめきから、1%アクションを繰り返すと、成功への道が拓ける。

■成功の前には「成功の分岐点」というブランク=障害がやってくる。障害とは「想像もしない失敗」と「しびれを切らす」の二つ。

■運はキーパーソンに出会うことで運ばれてくる。行動を変えて、付き合う人を変えよう。

■今のあなたの状況を変えてしまうような考えを持っている人をリストアップして、積極的に会うようにしよう。

■インポシブルエリアにこそ、成功のカギがある。

■あなたにとって成功とは何か。バカシステムにとらわれず、心から満足できる「あなただけの成功」を手に入れよう。

あとがき

とても奇妙なお話をします。

図1をご覧ください。この花を知っていますか？　ヨーロッパ地中海沿岸を中心に生息している「ビー・オーキッド」という花です。蜂（bee）にそっくりな花を咲かせるので、この名前がついています。

オス蜂は、ビー・オーキッドの花をメスと勘違いして交尾しようとします。そのとき、オス蜂の体に花粉が付き、別の花へと花粉が運ばれるのです。ビー・オーキッドはオス蜂に花粉を運ばせるために、特殊な進化をしたのです。

図1　蜂にそっくりな花を咲かせる「ビー・オーキッド」（写真：アフロ）

ただ形を似せているだけではありません。ビー・オーキッドの花は、アルカンという、交尾前のメス蜂が放つ性フェロモンに似た物質を出してオス蜂を引きつけます。また、唇弁《しんべん》の毛の伸びる方向が巧みで、毛を触ったオスはそれをメスと勘違いしてしまうのです。まるでオスをおびき寄せるために、緻密に考えて設計されてできたようです。

図2をご覧ください。

これは、「モンウスギヌカギバ」という蛾で、なんと羽にハエの模様が描かれています。蛾の天敵である鳥は、ハエを補食しないため、羽にハエの模様をつけることで擬態し、鳥から身を守っているのです。

蛾の仲間には、羽に蛇の頭や動物の顔が模様になったものまでいます。昆虫の中には葉っぱに似

図２　羽にハエの模様が描かれた「モンウスギヌカギバ」という蛾

せて身を守るものもいて、一口に「擬態」と言っても実にバラエティに富んでいます。

あなたの身近にいるネコも、似たような特徴を持っています。模様をよく観察してみてください。ネコの多くが草むらでも目立たないように、まるで迷彩服のような模様を持っています。ネコも身を守るために、毛の模様を変えているのです。

ビー・オーキッドもモンウスギヌカギバもネコも、生物として繁栄するために、体を変化させていました。しかし、ここでよく考えてください。彼らはそれに気づいているでしょうか？

ビー・オーキッドは植物です。目もなければ鼻もありません。でもなぜ蜂の形に似せた花を咲かせ、メス蜂と同じような匂いを放っているのでしょうか。

モンウスギヌカギバは、自分の羽にハエの模様があることさえわかっていないでしょう。なぜなら、モンウスギヌカギバの目では、自分の羽を上から見ることができないからです。ネコも自分がどんな模様か気づいていないでしょう。

もっと言えば、彼らに自分を擬態化させるだけの「知能」はありません。また、彼らからは通常見えない「視点」がなければ、擬態を完成させることはできません。

これは敷衍《ふえん》して生物全体にも言えることです。生物の体は、実に緻密な構造になっており、ミクロレベルで観察しなければ、そのメカニズムを説き明かすことはできません。遺伝を司るＤＮＡに至っては、１００万分の1ミリという分子レベルの観察を行わなければ、その働きを明らかにはできないのです。生物の一個体が考えられるレベルをはるかに超え、人類の叡智《えいち》もはるかに凌駕した世界です。

あなたの体もそうです。

あなたの命を維持させている臓器は、完璧な役割分担で、完璧な動きをしています。無駄なくデザインされ、完全にあなたの体の中に収まっています。また、ブドウ糖というシンプルな燃料だけで複雑な情報処理を行う脳を持っています。脳は、今なお人類の叡智を超えた仕組みであり、どのように知性が生まれるのかも、現在の人類の知性ではまだ解き明かすことはできていません。

ハッキリ言いましょう。

生物は人知を超えた叡智の働きによって作られ、人間もまた、未知なる叡智によって作られ、生かされているのです。それを人類は「神」という表現を使ってきましたが、近い将来には科学的に解明されていくことでしょう。アーサー・C・クラークは「十分に発達した科学技術は、魔法と見分けがつかない」と言いましたが、科学はいずれ人間が不思議に思っていることをすべて解明していくでしょう。

ニュートンが万有引力を発見する前、人々は、物が地面に落ちる現象を「悪魔が引っ張っている」と理解していました。科学的に表現できない場合、手元にある言葉で強引に表現するほかないのです。現在の「神」もその最たるものだと私は考えています。

自然は、人類を超えた叡智の産物に溢れています。青々と茂った木々や、心地よい鳴き声を響かせる鳥たち、生物界のサイクルを支えるように働き続ける昆虫、人の心すら癒やしてくれる彩り鮮やかな花々。人類がいかに努力しても、この数え切れないほどの生物の営みを再現することはできません。

人類を超えたこの叡智は、今もなお、生きとし生けるものの命の真ん中を貫き、働き続けています。そうでなければ、あなたも私も一瞬たりとも生きていることはできません。

数多《あまた》いる生物の中でも、私たち人類は特別な存在です。

なぜなら、いかなる生物よりもはるかに優れた知性を持ち、わずか数百万年前に誕生したばかりの新参者にもかかわらず、他の生物が成し得なかった文明・文化を創造し、さらにここ100年でそれらを急速に発展させています。そのスピードは、過去数千年の歴史をわずか数年で超えてしまうほどの勢いです。

私は、「人知を超えた叡智に、私たち人類は他の生物よりも容易にアクセスできているのではないか」という仮説を持っています。

この仮説に立って考えれば、あなたも、「あなたの想像を超えるアイデアを得るチャンスがいくらでもある」ということです。なぜなら、そもそも人類がそういう存在だからです。

生物が存続の窮地に立たされ、叡智からアイデアをもらい、擬態という形を与えられた花や蛾と同じように、あなたも窮地に立ったときには、想像もしないアイデアが、無意識にあなたの頭の中をよぎっているかもしれないのです。

そのアイデアをつかむことができれば、あなたの人生は決定的に変わるかもしれないし、そうなったとき、それはあなたの想像をはるかに超えているはずなのです。

この本は、あなたに「想像を超える未来」があることを確信してもらうために書きました。それは私のアイデアではなく、紛れもない事実なのです。

私が言っていることが真実であったと、いつか、あなたは、あなたの未来で、そう知るはずです。

鈴木 領一（すずき りょういち）

ビジネス・プロデューサー
メンタルコーチ
「思考力研究所」所長、主席研究員

宮崎県出身。九州大学理学部数学科中退。

大学中退後、上京。アルバイトをしながらお金を貯め、25歳で事業を立ち上げるが失敗し、無一文に。死を意識する程どん底に陥るが立ち直り、その後急速に成功軌道に乗る。28歳で出版社の役員となり、アメリカの一流ビジネス誌『サクセスマガジン』との共同プロジェクトで、3万人の成功者のデータをもとにした能力開発プログラム「PAC」を開発。その後「思考力研究所」を設立し、独自の思考法やメソッドを次々と発表。現在、政府プロジェクトへの参画、上場企業との共同事業、ベンチャー企業への企画支援など、ビジネスにおいて多方面で活躍する一方、メンタルコーチとして企業経営者、プロスポーツ監督、タレントなどへの心理的アドバイスも行っている。また、ビジネス誌『プレジデント』や大手ニュースサイトへの記事寄稿を行うなど、ビジネス作家としても活躍。出版プロデューサーとしての活動も行い、ベストセラーを生み出している。

思考力研究所　http://suzuryou.com/

思考力研究所 すずりょう　検索

「思考力研究所 すずりょう」で検索してください。

無料メルマガ登録で、最新情報やノウハウ、鈴木領一の講演・セミナー情報等をお届けします。

脱 バカシステム！
想像以上の結果を出し続けるメソッド

2018年4月30日　初版第1刷発行

著　者　鈴木領一

発行者　揖斐 憲

発行所　株式会社サイゾー
〒150-0043
東京都渋谷区道玄坂1-19-2 スプラインビル3F
電話 03-5784-0790（代表）

印刷・製本　株式会社シナノパブリッシングプレス

ISBN 978-4-86625-102-8 C0033